그리스도인의 직장생활 성경공부

일과 소명

2023

대한예수교장로회 총회 국내선교부
직장선교연구소

그리스도인의 직장생활 성경공부
일과 소명

지 은 이 | 이효재 이철규 한국일
엮 은 이 | 총회 국내선교부 직장선교연구소
편 집 인 | 총무 문장옥, 이선애
펴 낸 이 | 김현애
디 자 인 | 김신현 (EJ 디자인)

찍 은 날 | 초판 1쇄 2023년 2월 20일
　　　　 | 초판 3쇄 2024년 8월 30일

펴 낸 곳 | 예배와 설교 아카데미
　　　　　 등록번호 제18-90호 (1998. 12. 3)
주　　 소 | 서울특별시 광진구 아차산로 73길 25
전　　 화 | 02-457-9756
팩　　 스 | 02-457-1957

http://wpa.imweb.me
ISBN 979-11-976075-6-1 (93230)

총 판 처 | 비전북
전　　 화 | 031-907-3927
팩　　 스 | 031-905-3927
책　　 값 | 10,000원

그리스도인의 직장생활 성경공부

일과 소명

Work and Vocation

이효재 이철규 한국일

추천사

이 순 창
대한예수교장로회 총회장

한국교회는 세계교회사적으로는 짧은 기독교역사를 가진 나라지만, 선교지로 시작하여 선교사를 미국 다음으로 가장 많이 파송한 나라가 될 만큼 큰 부흥을 경험하며 은혜와 감사의 시절을 지나왔습니다. 근대화의 물결을 따라 가파른 부흥의 시기를 지나왔으나, 1990년대 말을 기점으로 한국교회는 점점 교인의 감소가 시작되었고, 코로나19 팬데믹 이후로는 혼란과 무력감을 경험하며 어려운 시기를 지나가고 있습니다.

제107회 총회는 주제를 "복음의 사람, 예배자로 살게 하소서"(시 50:5; 롬 12:1)로 정하여, 그리스도인들이 복음으로 다시 회복되어 하나님이 기뻐하시는 참 예배자로 사는 것에 목표를 두고 나아가고 있습니다. 세속사회에서 그리스도인의 정체성과 가치관을 가지고 복음을 전하기 위해서는 복음의 온전한 뜻을 깨달아 알고 하나님을 온전히 예배하는 것이 기본이 되어야 합니다. 그리스도인, 성도라고 불리지만 하나님을 제대로 알지 못하고 참 소명을 깨닫지 못한 채 신앙생활을 한다면 빛과 소금으로서의 역할을 감당하지 못할 뿐만 아니라 일상생활에서도 복음의 사람으로서 올바른 사명을 감당하지 못하게 될 것입니다.

이런 의미에서 『그리스도인의 직장생활 성경공부-일과 소명』 교재의

> **한국교회에 널리 전파되어 성도들의 신앙생활과 직장생활을 윤택하게 하는 귀한 도구로 쓰임받기를 소망합니다.**

발간소식은 참으로 반갑습니다. 평신도들이 가정보다 직장에서 시간을 더 많이 보내지만, 그동안 교단이나 교회에서 직장인 평신도들을 대상으로 세속사회에서 그리스도인으로 직업적 소명을 가지고 하나님 나라를 이루어가는 것에 대한 성경적 지침안내나 말씀을 통한 교육 및 성찰이 부족했습니다. 이번 교재를 통해 한국교회 목회자들이 성도들의 일터, 일상생활에서의 참 신앙훈련에 더욱 관심을 가지고 목양하는 일에 힘써주시기 바랍니다. 더불어 직장인 성도들이 참 그리스도인으로 하나님을 깨달아가며, 우리에게 허락하신 직장, 즉 일터에서 성령 하나님의 함께하심과 소명을 통해 이루어가실 일들을 고백할 수 있기를 바랍니다.

책을 구성하기 위해 오랜 시간 연구하고 수고하신 한국일 교수님, 이철규 장로님, 이효재 목사님께 감사의 인사를 드립니다. 또한 책 발간을 위해 후원해 주신 총회 직장선교후원회와 수고한 총회 국내선교부 실무자에게도 감사드립니다. 이 교재가 본 교단 69개 노회 9,421개 교회뿐만 아니라 한국교회에 널리 전파되어 성도들의 신앙생활과 직장생활을 윤택하게 하는 귀한 도구로 쓰임받기를 소망합니다. 온 성도가 기쁨으로 일상에서의 선교적 삶을 살아내기를 간절히 소망하며 추천사를 마칩니다.

추천사

김 도 일
장로회신학대학교 교수/기독교교육학

　이 교재는 이 시대에 너무도 필요한 내용을 담고 있습니다. 사실 모든 하나님의 사람은 다 삶 속에서 영적 제사장이며 자신의 일이 하나님이 주신 것임을 인지하고 사명감을 갖고 살아야 합니다. 그럼에도 불구하고 오랜 세월 동안 교회는 삶과 신앙을 분리하여 살도록 가르쳤고, 교우들은 성직과 세상의 일을 구분하도록 지시받은 것이 사실입니다. 교회 안 목회는 거룩하고 교회 밖의 일은 속되다고 배우기까지 하였습니다. 가끔 구두 닦는 일도 하나님이 주신 일이라고 말한 목사님도 계셨으나 그들은 극소수의 진보성향을 가진 이들인 줄로만 알았습니다. 그러나 성경을 속까지 들여다보니 성속을 구분하는 가르침은 거짓이었습니다.
　이 교재는 하나님의 문화명령을 잘 이해하고 도우며, 자기에게 주어진 일 속에서 어떻게 하나님의 뜻을 따르며 선교적 삶을 살 수 있는지 성경공부를 통해 구체적으로 배울 수 있도록 안내합니다. 무엇보다 성경공부를 통해 세상이 우리 모두가 직업과 사명을 가지고 최선을 다해 만들어

> **현장에서 삶을 살아내는 신앙인들이 같이 썼기에
> 더욱 현실 속 실천 가능성을 더해줍니다.**

나가야 할 하나님 나라라는 점에 대해 구체적으로 그리고 명시적으로 보여준다는 점에서 탁월한 교재입니다. 현장에서 삶을 살아내는 신앙인들이 같이 썼기에 더욱 현실 속 실천 가능성을 더해줍니다. 자신이 속한 작은 삶의 터전에서 하나님 나라를 이루어가는 시도가 다른 이의 시도와 연결될 때 더 큰 하나님 나라 형성에 기여하기에 이 교재는 "작은 불꽃 하나가 큰 불을 일으킨다"는 노랫말이 성취되는 시발점이 될 것을 확신하여 추천합니다.

추천사

송 인 규
합동신학대학원대학교 은퇴교수, 한국교회탐구센터 소장

이번에 출간되는 『일과 소명』 성경공부 교재는 매우 특화된 주제를 다루고 있다는 점에서 주목받을 만합니다. 한국교회에 성경공부 교재가 홍수처럼 쏟아져 나왔지만 아직까지도 직장생활을 논하는 교재는 상당히 드물기에 더욱 그렇습니다. 물론 본 추천자가 이 교재를 강추하는 이유는, 이 교재가 중요하지만 간과된 영역의 이슈를 다루고 있기 때문만은 아닙니다. 오히려 교재 자체만을 놓고 볼 때에도 메리트가 또렷이 목도되기 때문입니다. 이러한 장점은 줄잡아 세 가지로 묘사될 수 있습니다.

첫째, 기독교 세계관의 관점에서 볼 때 교재의 구성과 설명이 일관성 있고 정합적입니다. 일터와 소명을 다루는 교재가 꼭 기독교 세계관의 주지-창조, 타락, 구속, 완성-를 좇아야 하는 것은 아니지만, "일"이라는 주제를 제대로 다루려면 어떤 식으로든 그런 얼개를 상정하지 않을 수 없습니다. 바로 이런 은연중의 작업이 『일과 소명』에서도 이루어졌습니다. 추천자는 1장(창조), 2장(타락), 3·4·6장(구속), 5장(완성)을 그렇게 읽었습니다.

둘째, 이 교재는 신학적 깊이와 견실성의 면에서도 돋보입니다. 일과 직장생활을 다루는 교재는 자칫하면 단편적인 성경구절들의 인용과 수박 겉

> **『일과 소명』을 통해 많은 직장인들이 일터에서 하나님의 나라를 구현하고 하나님의 영광을 드높이기를 고대합니다.**

훑기 식의 주제 설명으로 치닫기가 쉽습니다. 『일과 소명』은 그러한 피상적 시도와는 거리가 먼 교재입니다. 세상에 관한 신학적 의미와 중요성, 평신도의 소명과 사명감, 성령과의 연계성, 종말에 대한 참 신앙적 관점 등이 교재의 내용을 알차게 짜내는 씨줄과 날줄 노릇을 하고 있기 때문입니다.

셋째, 직장에서의 소명의식과 선교의식을 고취하는 데 매우 실제적인 교육자료입니다. 상기한 장점들이 있다고 하여서 이 교재가 그저 이론적이거나 현실과 동떨어진 이야기만 하고 있는 것은 아닙니다. 사실상 이 교재만큼 현실에서의 적용을 심각히 고려하기도 쉽지 않을 것입니다. 교재 제작에 참여한 인물들의 경력과 전문 분야는 서로 다르지만 직장생활의 활성화라는 실천적 목표에의 달성이 공통적인 관심사입니다. 매 공부마다 배운 내용을 각자의 직장 현실에 적용하도록 질문이 마련되어 있을 뿐만 아니라 기도 또한 일터의 어려운 경험에 초점을 맞추고 있습니다.

이처럼 메리트 있는 성경공부 교재가 선보이는 만큼, 바라기는 『일과 소명』을 통해 많은 직장인들이 일터에서 하나님의 나라를 구현하고 하나님의 영광을 드높이기를 고대합니다.

추천사

조 은 하
목원대학교 교수/기독교교육학

예수님은 우리와 같은 인간이 되기 위하여 인간의 몸으로 세상에 오셨습니다. 그리고 이 땅에서 사람들과 함께 생활하며 하나님 나라를 가르쳐 주셨습니다. 철저하게 일상을 살아가는 모습 속에서 영적인 삶에 대한 모범을 알려주신 것입니다. 우리가 영적으로 살아가기 위해 우리는 일상의 삶에서 하나님 나라의 가치를 실천하며 살아가는 것이 중요합니다. 일상과 거룩, 평범과 신비, 신앙적 앎과 기독교적 삶, 이것을 통전적으로 실천할 수 있도록 인도하는 책이 바로 『그리스도인의 직장생활 성경공부-일과 소명』입니다.

일과 소명에 관한 중요 주제를 여섯 가지로 소개하고, 성경에 대한 논의와 우리의 삶 가운데서의 성찰, 실천으로 이끄는 간략하면서도 강력한 내용으로 구성되어 있습니다. 1시간 30분 동안의 성경공부를 위한 인도자 지침, 그리고 함께 읽으면 좋을 참고 도서를 소개하며 성경공부 길을 출발하는 모든 이에게 친절한 가이드가 되어 줍니다.

> "일상과 거룩, 평범과 신비, 신앙적 앎과 기독교적 삶,
> 이것을 통전적으로 실천할 수 있도록 인도하는 책이 바로
> 『그리스도인의 직장생활 성경공부-일과 소명』입니다."

이렇게 가이드를 따라 6주를 공부하게 되면 그리스도의 제자이면서 동시에 한 사회의 시민으로서 살아가야 하는 제자직과 시민직의 통합에 대한 큰 그림을 그릴 수 있으리라 확신합니다. 그리고 우리가 살아가야 하는 직장이라는 큰 산에서 만나게 되는 작은 오솔길들은 이 성경공부를 함께 한 지체들과 함께 즐겁게 대화하며 걸어갈 수 있으리라 생각하며 추천합니다.

목차 CONTENTS

추천사
이순창 목사 4
김도일 교수 6
송인규 소장 8
조은하 교수 10

서문
『일과 소명』 교재를 출판하며 15
삶과 신앙의 일치를 바라며 19
교재 소개 및 사용 방법 23

성경공부 교재
제1장 일은 생계 수단이자 소명이다 31
제2장 그리스도인의 일터 현실 41
제3장 "번영하라"는 하나님의 소명 51
제4장 일터에서 성령과 함께 일하기 60
제5장 종말의 그날을 소망하며 일하라 71
제6장 하나님의 영광을 위해 일하라 82

인도자 가이드

제1장 일은 생계 수단이자 소명이다 95

제2장 그리스도인의 일터 현실 100

제3장 "번영하라"는 하나님의 소명 106

제4장 일터에서 성령과 함께 일하기 111

제5장 종말의 그날을 소망하며 일하라 116

제6장 하나님의 영광을 위해 일하라 121

함께 읽으면 좋은 도서 목록   126

서문

『일과 소명』 교재를 출판하며

한 국 일

장로회신학대학교 은퇴교수/선교학

그리스도인이 된다는 것은 단지 교인이 되는 것 이상의 의미를 갖습니다. 폴 스티븐스가 강조한 것처럼 세상 속에서 그리스도인으로 살아가기 위해 교회에서 어떻게 준비되어야 하는가 하는 것이 목회자와 성도의 중요한 과제입니다. 세상은 교회 밖 현장이 아니라 하나님의 선교 현장이자 하나님의 일에 참여하도록 보내심을 받은 소명의 현장입니다. 세상 안에서 가정을 올바로 세우고, 직업에 충실하고, 날마다 만나는 이웃과 더불어 살아가는 일상에서의 삶은 그리스도인이 되는 중요한 과정입니다.

그러나 현실에서 그리스도인으로 살아가는 것이 녹록하지 않습니다. 교회 안에서의 삶은 비교적 단순하고 평안하지만, 성경적 가치와 다른 세속적 가치가 지배하는 세상에서의 그리스도인의 삶은 복잡하고 때로는 그리스도인의 정체성에 정면으로 도전을 받습니다. 세상은 결코 성실하게 살아가려는 그리스도인에게 안전지대를 제공하지 않습니다. 이런 현상은 그리스도인에게 기형적인 삶을 초래하기도 합니다. 교회 안에서는 교인으로, 세상에서는 세속적인 가치를 좇아 살아가는 이중적 존재로 살거나, 교회생활이 중심이 되어 세상에서의 직업은 부차적인 일이 되거나, 세상의 직업을 포기하고 영적인 길을 선택하기도 합니다.

그리스도인으로서 성경적 가치관과 대립적인 세상에서 어떻게 교회에서 가르치는 성경말씀에 충실한 직장생활을 할 수 있는지, 그리고 교회 생활을 우선으로 여기며 직업을 부차적인 것으로 잘못 이해하거나 전혀 가르침이 없는 상황에서 그리스도인의 올바른 직업생활은 어떻게 실행해야 하는지 오늘의 교회와 목회자들에게 강한 질문들이 제기되고 있습니다.

그리스도인이 세상에서 직업을 갖고 일하는 것은 세상 안에서 일하시는 삼위일체 하나님의 일에 참여하는 신앙의 본질에 속한 것입니다. 그러므로 그리스도인은 직업에 대한 신학적, 신앙적 근거를 분명하게 제시하고, 이 근거 위에 확신을 가지고 직업에 임해야 합니다. 직업은 경제적 유익뿐만 아니라 세상을 향한 하나님의 뜻을 실현하는 과정입니다. 비록 타락하고 부패한 세상이지만 그리스도인은 여기에서 도피하는 것이 아니라 오히려 소명의 관점에서 적극적으로 참여하여 하나님의 뜻을 실현하며 하나님께 영광을 돌리는 삶을 살아야 합니다.

일터 신학은 일상을 하나님 앞에서(coram Deo) 살아가는 일상의 신학으로부터 출발하여, 직업적 소명에 기초하고, 각 사람에게 주신 다양한 은사들을 개발하고 발전시켜 실제의 삶에서 어떻게 직업적 소명과 선교적 소명을 연결하고 통일을 이룰 것인지, 그리고 이것을 위해 교회에서 성도를 어떻게 준비시키고 훈련해야 하는지에 대한 평신도 교육의 방향을 제시합니다.

그리스도인의 소명은 다양한 직업과 역할을 통해 실천되어야 합니다. 소명으로 실천하는 모든 직업은 그 일을 통해 하나님께 영광을 돌리게 됩니다. 성도들의 일상의 평범한 일 모두가 하나님 앞에서 영적인 일이 됩니다. 소명의 관점에서 보면 모든 성도들이 하나님으로부터 소명을 받았습니다. 루터가 말한 것처럼 악한 직업이 아닌 이상 모든 직업은 하나님으로부터 받은 '성직'입니다. 각자는 자신이 속한 자리에서 하나님 나라를 위해 일하도록 부름 받았습니다. 목회자가 교회를 소명의 장으로 받았다면, 평신도는 세상을 소명의 장으로 받았습니다. 교회를 새롭게 하는 것이 목회자의 책임이라면, 세상을 변화시키는 것은 평신도에게 주어진 과제입니다. 평신도는 세상 속에서 교회를 대표하는 사람들이며, 교회와 세상, 일과 예배 사이를 연결하고 다리를 놓는 사람입니다. 그러므로 평신도의 소명은 구체적으로 그의 일상에서의 삶의 현장과 직업 현장에서 실현되어야 합니다. 그리스도인의 선교적 사명을 바르게 수행하기 위해서는 폴 스티븐스가 말한 바와 같이 일상의 삶에서 선교적 소명(파송)이 직업적 소명과 통일성을 이루어야 합니다.

세상의 변화는 평신도에게 달려 있다고 해도 과언이 아닙니다. 날마다 세상에서 살아가는 그들의 삶 속에서, 무엇보다 사회의 모든 영역에서 활동하고 있는 그들의 직업을 통해 평신도는 하나님의 선교의 중요한 동반자 역할을 합니다. 루터의 종교개혁이 교회의 개혁을 가져왔다면, 오늘의 한국교회는 평신도의 직업적 소명을 통해 교회의 개혁뿐 아니라 한국사회를 새롭게 만들어 가는 하나님 나라 확장에 적극적으로 참여해야 합니다.

이를 위해 한국교회의 제자훈련은 교회의 제자도, 목회자의 제자도를 넘어 세상 속에서 살아가는 그리스도인의 제자를 세우는 목표를 지향해야 합니다. 현재 교회의 제자훈련은 무엇보다 구원의 교리에 집중되어 있으며 그것을 반복합니다. 그러나 여기에서 멈추지 말고 세상 속에서 하나님 나라를 실현하며 공적 영역에서 소명에 충실한 삶을 살아가도록 평신도들을 준비시켜야 합니다. 이 훈련을 하려면 교회에서 실행할 균형 잡힌 성경공부 교재가 절실히 필요합니다. 이러한 요구에 부응하여 『그리스도인의 직장생활 성경공부-일과 소명』 교재를 만들었습니다.

교재 출판은 대한예수교장로회 총회 안에 국내선교부 소속으로 직장선교연구소가 주관하였습니다. 교재 제작은 이효재 목사가 초안을 작성하고, 이철규 장로와 한국일 목사가 함께 토론하면서 수정 보완하는 과정을 거쳤습니다. 또한 집필 과정에서 교재 원고를 가지고 몇몇 교회에서 실제로 성경공부 모임을 운영하면서 직장생활을 하는 성도들의 반응을 반영하였습니다. 직장을 소명의 현장으로 삼고 일하는 그리스도인들에게 이 성경공부 교재가 올바른 방향을 제시하고 교회 안에서 활발한 대화가 이루어져 직장에서 하나님의 영광을 경험하기를 바랍니다.

서문

삶과 신앙의 일치를 바라며

이 철 규
이철규이대경치과 원장, 장로

임플란트의 정식 명칭은 골 유착성 임플란트(Osseo-integrated implant)입니다. 금속이 뼈와 유착되어 하나가 되었다는 뜻입니다. 일반적으로 금속은 몸속에서 이물 반응을 일으키지만, 티타늄이라는 금속은 특성상 뼈세포와 완전히 유착되어(integrated) 하나가 됩니다. 그리하여 손톱 크기에 불과한 어금니 면적에 수시로 가해지는 60kg 이상의 압력을 감당하며 저작 기능을 거뜬히 수행합니다.

우리의 신앙과 삶도 그러해야 합니다. 교회 안에서는 멋지고 당당한 모습이라 할지라도 압력이 가해지는 삶의 현장에서 흔들리고 아파하며 넘어진다면 그것은 기능하지 못하는 신앙이며 삶과 하나 됨, 즉 유착(integration)에 실패한 것입니다. 삶과 신앙의 일치라는 당연한 주제가 '뜨거운 얼음'처럼 형용모순으로 여겨지는 시대 속에서 아무도 이 질문에 답해 주지 않는 답답함이 저를 신학교로 이끌었습니다. 요한계시록과 종말론을 공부하면서 현상을 역정의(counter-definition)하는 눈이 열렸고, 연속성과 불연속성이 존재하는 종말을 바라보며 삶의 방식을 재정립할 힘도 생겼습니다.

미미하지만 이러한 삶의 방식을 나누고 싶었습니다. 좋은 치과 모임을 이끌며 좋은 치과 체크리스트, 기독 치과인 선서 입안과 치과 윤리 교과서 번역작업을 주도했습니다. 신앙대로 살려는 치과의사들이 모여 책도 읽고 삶도 나누고 기도 모임도 가졌습니다. 그러나 각자 속한 교회 환경에 따라 열의와 지속성에서 차이가 보였습니다. 삶과 신앙의 일치를 위해서는 세 가지 필수요소, 즉 말씀을 성찰하는 힘과 말씀대로 살려는 의지와 그 삶의 방식을 지지해 주고 서로를 격려하는 교회 공동체가 꼭 필요하다는 것을 그때 깨달았습니다. 번영 신학과 승리주의로 욕망을 부추기는 것이 아니라, 이 땅이 아닌 천국에 보화를 쌓고 내 이웃을 내 몸같이 사랑하자고 서로를 격려하는 교회 공동체의 지지와 응원 없이는 성도의 삶에서 신앙의 열매를 맺기가 너무나 어려운 일임을 알았습니다.

이 깨달음을 교훈 삼아 교회에서 '일터와 하나님 나라'라는 작은 공동체를 만들어 일터 신앙을 나누었습니다. 책 나눔, 삶 나눔, 말씀 나눔이라는 세 단계의 과정을 진행했습니다. 일터는 경쟁과 온갖 가치가 뒤섞여 피아를 식별하기 힘든 전투 현장과 같고, 이러한 전투 현장을 뛰어다니는 성도는 마치 전투원과 같습니다. 그러나 동시에 신앙대로 살아야 한다는 선한 의지와 이기적 의지가 갈등하는 성도의 내면은 또 다른 전투 현장입니다. '일터와 하나님 나라' 나눔을 통해서 서로서로 격려하며 신앙대로 살아가는 삶의 방식을 모색하면서 전우애를 경험하며 보람과 희열을 느꼈습니다.

우리 평신도들은 몇 가지 고착된 사고에 갇혀 있습니다. 이는 교회 문화를 통해 습득된 것들로 결코 바람직하지 않은 고정관념입니다. 첫째는 시간적으로는 주일, 공간적으로는 예배당에서 보내는 시간과 활동은 거룩하며 평일과 일터에서 보내는 시간과 활동은 세속적이라고 생각하는 것입니다. 둘째로 일과 생업은 타락과 저주의 산물이어서 그 자체로는 의미와 가치를 가질 수 없다는 생각입니다. 셋째로 그러기에 우리가 이 땅에서 하는 모든 일이 천국에서는 무의미하고 무가치한 일이어서 대충 해도 된다는 잘못된 사고방식입니다. 나눔을 통해 이런 잘못들이 바로잡히면 창의성과 적극성과 능동성이라는 샘물이 터지며 일터 생활은 생기를 찾게 됩니다.

일터 신앙은 프로그램이 아닙니다. 신앙대로 살려는 의지의 발현이고 그 현장이 일터이기에 일터 신앙이라고 불릴 뿐입니다. 교회는 가정과 일터와 지역사회 등 삶의 다양한 현장에서 신앙이 구현되도록 성도를 준비시켜 성숙한 신앙인으로 살아가도록 독려해야 합니다. 그것이 한국교회가 신뢰를 회복하고 다시 살아나는 길이라고 생각합니다.

험난한 일터를 살아가는 이 땅의 성도들이 공명할 수 있는 성경공부 교재의 필요성을 뼈저리게 느끼던 차에 한국일 교수님과 이효재 목사님으로부터 함께 하자는 권면을 받았습니다. 작은 경험이나마 쓸모 있다면 주재료는 아니어도 그저 향신료 역할이라도 좋겠다 싶어 기쁜 마음으로 참여했습니다.

이 작은 결과물로 한국교회가 잃어버린, 십자가 새 창조 공동체라는 메타내러티브(meta-narrative)와 이를 움직이는 핵심인 믿음·소망·사랑으로 생기가 회복되기를 간절히 원합니다. 만물을 회복하시겠다는 주의 약속을 붙잡고 만물을 충만케 하시는 우리 주 예수 그리스도로 충만한 이 땅의 교회가 되기를, 그리고 잘 심겨진 임플란트처럼 각자의 자리에서 다양한 압력을 꿋꿋하게 견디며 기능하는 성도가 되기를 기도합니다.

서문

교재 소개 및 사용 방법

이 효 재

일터신학연구소장, 목사

    이 교재는 일터에서 일하는 그리스도인들을 위해 마련되었습니다. 참여자들은 함께 공부하면서 자신의 일과 일터를 신앙의 관점으로 성찰하면서 의미 있는 직장생활에 대해 배우게 됩니다. 교재의 전체적 주제는 "내 일터에서 하나님의 소명으로 일하기"입니다. 우리가 매일 출근하는 일터는 하나님이 보내신 소명의 장소이며, 우리는 하나님의 뜻을 실현하기 위해 일하는 그리스도인입니다. 성경공부를 마칠 때쯤에는 우리가 그리스도인으로서 직장에서 일한다는 것이 어떤 의미이며, 어떻게 일해야 하고, 어떤 목적을 가지고 일해야 하는지 깨닫게 됩니다. 이 교재의 키워드는 '소명, 일터, 일, 믿음, 소망, 사랑'입니다. 이 교재는 미국 뉴욕시의 리디머 교회(Redeemer Presbyterian Church) 부설 Center for Faith and Work의 성경공부 교재 Faith & Work 101의 주제를 참고하여 한국적 상황에 맞도록 새로운 내용으로 만들었습니다.

1. 교재 내용

　　교재는 모두 여섯 개의 주제를 여섯 장에 걸쳐 다루고 있습니다. 첫 번째 장은 우리가 일터에서 매일 하는 일은 생계 수단이면서 동시에 하나님의 소명이라는 주제입니다. 우리는 먹고살기 위해 일한다는 생각에 머물기 마련이지만, 하나님은 생계를 위한 우리의 일을 통해 창조 세계를 유지하고 발전시키신다는 내용입니다. 두 번째 장은 우리의 일터는 비록 인간의 타락으로 인해 고통스러운 현장임에도 불구하고 하나님의 소명은 중단되지 않고 지속된다는 주제입니다. 세 번째 장은 우리는 함께 번영하는 삶을 위해 일하라는 명령과 함께 약속을 받았다는 주제입니다. 나의 일은 나만의 번영이 아니라 내 일과 연계된 모든 사람들의 번영을 가져온다는 점을 알게 됩니다. 네 번째 장은 일터에서 성령과 함께 일하며 소명을 성취하라는 주제입니다. 성령은 우리 각자에게 특별한 은사(재능 혹은 달란트)를 주셔서 직업을 선택하게 하시고 하나님의 성품을 닮은 성령의 열매를 일터에서 드러내게 하신다는 점을 배우게 됩니다. 다섯 번째 장은 힘든 일터에서 하나님의 소명으로 일하기 위해 종말의 소망으로 인내해야 한다는 주제입니다. 우리는 종말의 소망 안에서 종말에 이루어질 일들을 오늘 우리 일터에서 미리 부분적으로 맛볼 수 있음을 깨닫게 됩니다. 여섯 번째 장은 하나님의 영광을 위해 일하라는 주제입니다. 우리는 일터에서 하나님의 영광의 광채이신 예수 그리스도의 사랑을 실천함으로써 하나님의 영광을 드러내도록 권면을 받게 됩니다.

2. 각 장 구성 및 소요 시간

각 장은 다섯 개의 섹터로 구성되어 있습니다. 각 장 성경공부는 한 시간 반 정도를 유지하는 것이 좋습니다. 첫 번째 섹터에서는 각 장의 주제를 설명하는 '개념 설명'입니다. 참여자들이 함께 읽고 인도자를 중심으로 주제 개념이 무엇인지 이해하고 확인합니다. 이 섹터는 20분 정도 소요됩니다. 두 번째 섹터는 주제를 뒷받침하는 성경 본문 연구입니다. 참여자들이 본문을 읽고 질문을 하나씩 돌아가면서 풉니다. 이 섹터에서는 30분 정도가 적당합니다. 세 번째 섹터는 이번 주제를 각자의 일터 현실에 적용하고 나누는 시간입니다. 정답을 찾는 것이 아니라 각자의 상황 속에서 그날 배운 내용을 적용하고 현실적인 어려움을 나눕니다. 이 섹터에는 20분 정도 할애합니다. 네 번째 섹터에서는 그날 배운 내용을 각자 정리하고 나눕니다. 이 섹터는 약 10분 정도의 시간이면 충분합니다. 마지막 섹터에서는 각자 일터에서 겪는 어려움을 나누고 함께 기도하며 마무리합니다. 이 시간에는 그날 주제와 상관없이 각자의 일터 어려움을 공유하고 위로와 조언을 나누며 함께 기도합니다. 10분 정도 함께 시간을 가진 후 성경공부를 마무리합니다.

3. 성경공부 주기

이 교재는 한 주에 한 장씩 모두 여섯 주에 마무리할 수 있도록 고안되었습니다. 가능한 주어진 시간 안에 마무리를 하는 것이 좋습니다. 그러나 더 많은 시간이 필요할 경우 한 시간 반씩 두 주에 나눠서 한 장을 공부하는 것도 좋습니다. 이 경우에는 첫 번째 주에는 첫 번째 섹터인 주제 개념 공부와 두 번째 섹터인 성경공부에 충분한 시간을 가지고, 두 번째 주에는 주제 개념 복습과 적용, 일터 경험 나눔, 기도를 해 주시기 바랍니다. 한 장을 두 주에 나눠서 공부하면 더 깊이 대화하고 서로를 위해 기도할 수 있는 효과가 있습니다. 참여자들의 대화가 길어질 경우 한 주에 2~3시간씩 길게 공부하는 것보다는 한 장을 두 주로 나눠서 하는 것이 더 효율적입니다.

4. 인도자의 역할

인도자의 역할이 중요합니다. 인도자는 성경공부 시간 이전에 미리 인도자용 가이드를 읽고 각 장의 주제를 이해하고 질문과 답을 숙지하시기 바랍니다. 교재의 특성상 참여자들의 질문이 있을 수 있으니 가능한 충분히 준비하면 모임이 풍요로워집니다. 인도자는 가르치는 역할보다는 진행과 이해를 돕는 역할에 충실하시면 됩니다. 인도자는 참여자들의 질문에 완벽하게 답변해야 한다는 부담감을 갖지 않아도 됩니다. 혹시 모르는 질문을 받았을 때에도 당황하거나 부끄러워할 필요가 없습니다. 함께 논의하고 이해의 폭을 넓혀간다면 만족할 수 있습니다.

5. 공동체 형성

성경공부에 참여하는 사람들은 지식을 얻는 것과 일터에서 겪는 어려움을 함께 나누고 소명의식으로 일하는 동기를 부여받을 수 있도록 함께 노력해야 합니다. 이 모임은 지식을 얻는 스터디그룹이 아니라 믿음의 삶을 함께 나누는 공동체입니다. 인도자는 성경공부를 마치고 각자의 일터로 돌아간 참여자들에게 주중에 SNS를 이용해 함께 공부한 내용의 일부 혹은 문장을 공유하고 격려하는 섬김의 봉사를 해 주시기 바랍니다. 성경공부를 하는 동안 참여자들은 서로 일터의 삶을 나누면서 유대감을 느끼기 마련입니다. 성경공부를 마친 뒤에는 일터와 일상의 삶을 다루고 있는 신앙서적을 함께 읽고 나누고 기도하며 서로 도움을 주고받는 신앙 공동체로 발전할 수 있는 기회를 놓치지 않기 바랍니다. 이 교재 부록에서 추천하는 도서 목록을 참고하시기 바랍니다. 하나님께서 거친 일터 환경에서 살아가는 여러분에게 은혜를 베풀어 주시고 위로해 주시기를 바랍니다.

성경공부 교재

제1장 일은 생계 수단이자 소명이다

> **핵심 포인트**
>
> 우리가 매일 하는 일은 하나님의 소명이다.
>
> 우리는 나와 타인이 함께 번영하는 삶을 위해 일한다.
>
> 우리는 하나님과 이웃을 위해 일하는 제사장이다.

개념 이해 일은 왜 소명인가?

출근하기 싫은 일터, 힘든 일

아침 출근길이 행복하고 기분 좋다고 하는 직장인은 별로 없습니다. 직장인들은 일하는 날보다 쉬는 날을 더 좋아합니다. 일이 힘들기 때문입니다. 우리는 흔히 먹고살기 위해 일한다고 말합니다. 먹고사는 일이 힘든 이유는 무엇 때문일까요? 일터에서 사람들은 내가 살아남기 위해 경쟁에서 이겨야 하고, 다른 사람보다 더 높은 실적을 올려야 한다는 압박감에 시달립니다. 경쟁에 지쳐 피곤한 몸과 마음으로 퇴근하면 다음 날 출근하기가 싫어집니다. 일은 원래 이렇게 힘든 것일까요? 경쟁이 덜 심하거나 고용이 안정된 직장은 스트레스가 상대적으로 적지만 그렇다고 스트레스 없는 일은 없습니다.

일에 대한 관점을 바꾸면 달라질 수 있다

그러나 일에 대한 관점을 바꾸면 스트레스를 극복하고 행복하고 의미 있게 일할 수 있습니다. 우리에게 일이란 무엇일까요? 일이 무엇인가를 생각하기 전에 일하는 나는 누구인가를 먼저 생각하면 더욱 분명하게 일의 의미와 목적을 찾을 수 있습니다. 성경의 창조 이야기에 따르면, 하나님은 다른 피조물과 달리 사람을 창조하실 때 특별한 목적을 가지고 있었습니다. 하나님은 사람보다 먼저 만드신 동물들을 다스리게 할 목적으로 사람을 만들기로 하고 남자와 여자를 하나님의 형상으로 창조했습니다. '하나님의 형상'이라는 말은 하나님의 성품을 닮은 하나님의 지상 대리인 혹은 청지기라는 뜻입니다.

세상을 번영케 하는 일

하나님의 형상으로 창조된 사람은 창조주 하나님의 뜻을 받들어 하나님이 창조하신 세상을 다스리는 일을 하라는 명을 받은 존재입니다. 하나님은 사람에게 '다스리라'는 일을 명령하셨습니다(창세기 1:28). 다스리라는 하나님의 말씀은 권위주의적인 왕처럼 권세를 가지고 지배하고 억압하라는 뜻이 아니라 하나님이 우리를 다스리듯 우리도 나와 다른 피조물을 돌보고 그들의 생명이 번성하도록 도우라는 뜻입니다. 함께 번영하도록 사랑으로 다스리라는 명령입니다. 이처럼 사람은 하나님으로부터 세상의 번영을 위해 일하라는 소명을 받았습니다. (번영하는 일에 대해서는 3과에서 자세하게 공부할 수 있습니다.)

우리 일의 근원은 하나님

하나님은 일하시는 분입니다. 하나님은 창조의 첫 번째 일주일 동안 무에서 유를 창조하는 일을 하셨습니다. 하나님은 우리가 살고 있는 세상에서 멀리 떨어져 팔짱끼고 지켜만 보고 계신 분이 아니라 예수님 말씀처럼 지금도 일하고 계십니다(요한복음 5:17). 하나님은 창조의 일곱째 날 그 창조하시고 만드시던 '일'을 마치시고 안식하셨습니다(창세기 2:2). 하나님이 하시던 '일'은 우리가 하는 일(히브리어 멜라카)과 같은 단어입니다. 하나님의 일과 우리의 일이 같다는 것은 우리의 일이 하나님의 일에서부터 기원했다는 뜻입니다. 하나님은 자신의 일을 청지기인 우리가 대신하도록 위임하셨습니다.

일하라는 소명을 받은 우리는 하나님의 성품을 닮은 방식으로 일을 해야 합니다. 하나님은 정의롭고 공의롭고 자비롭고 정직하고 성실하고 신실하고 인자하십니다. 하나님이 하시는 모든 일은 이러한 하나님의 성품을 잘 반영하고 있습니다. 그러므로 우리가 하는 일도 하나님의 일을 닮을 때 소명으로 하는 일이 됩니다. 마틴 루터는 우리가 각자의 일터에서 하는 일을 '하나님의 가면'이라고 했습니다. 우리가 하는 일이 실제로는 하나님의 일이라는 뜻입니다.

세상에 선한 영향을 끼치는 일

일의 첫 번째 소명은 우리 자신의 생명이 지속적으로 생존하는 것입니다. 우리는 일을 해야 먹고 살아가고 성장할 수 있습니다. 생계유지는 우리가 일을 통해 실현해야 할 가장 긴급하고 중요한 소명입니다. 그러므로 우리는 게으르지 않고 부지런히 일해서 잘 먹고 잘 살아야 합니다. 하나님은 우리의 생존을 위해 일자리를 주시고 일하게 하십니다.

그러나 일의 소명은 여기에서 그치지 않습니다. 나만 생존하는 것이 아니라 내가 하는 일을 통해 다른 사람들도 함께 살아가도록 일하라고 하나님께서 명령하셨습니다. 우리가 하는 모든 일은 서로 연결되어 있습니다. 우리는 일하면서 다른 사람들에게 어떤 방식으로든지 영향을 미칩니다. 내가 하는 일이 다른 사람들의 생명에 어떤 영향을 주는지 우리는 예의주시해야 합니다. 내가 다른 사람들에게 피해를 준다면 이는 소명으로 하는 일이 아닙니다. 하나님은 우리가 하는 일이 선한 영향을 끼쳐 더 살기 좋은 세상을 만들기를 원하십니다.

결론

그러므로 우리가 일터에서 하는 일은 생계를 위한 수단이면서 동시에 하나님의 소명에 따르는 것입니다. 내 생계를 위한 일과 타인의 생계를 돕는 일은 분리될 수 없습니다. 나의 생계는 타인의 생계와 직결됩니다. 하나님이 주신 일의 소명은 나와 타인의 생계에 선한 영향력을 끼치는 것입니다. 우리는 구약의 제사장처럼 하나님의 뜻에 따라 세상을 위해 일합니다.

성경 연구 하나님이 일하라는 소명을 주셨다

1. 창세기 1:26~31

²⁶ 하나님이 이르시되 우리의 형상을 따라 우리의 모양대로 우리가 사람을 만들고

그들로 바다의 물고기와 하늘의 새와 가축과 온 땅과 땅에 기는 모든 것을 다스리게 하자 하시고 ²⁷ 하나님이 자기 형상 곧 하나님의 형상대로 사람을 창조하시되 남자와 여자를 창조하시고 ²⁸ 하나님이 그들에게 복을 주시며 하나님이 그들에게 이르시되 생육하고 번성하여 땅에 충만하라, 땅을 정복하라, 바다의 물고기와 하늘의 새와 땅에 움직이는 모든 생물을 다스리라 하시니라 ²⁹ 하나님이 이르시되 내가 온 지면의 씨 맺는 모든 채소와 씨 가진 열매 맺는 모든 나무를 너희에게 주노니 너희의 먹을거리가 되리라 ³⁰ 또 땅의 모든 짐승과 하늘의 모든 새와 생명이 있어 땅에 기는 모든 것에게는 내가 모든 푸른 풀을 먹을거리로 주노라 하시니 그대로 되니라 ³¹ 하나님이 지으신 그 모든 것을 보시니 보시기에 심히 좋았더라 저녁이 되고 아침이 되니 이는 여섯째 날이니라

1. 하나님은 사람을 어떤 존재로 창조하셨나요? 그 의미는 무엇인가요? (26-27절)

___

2. 하나님이 사람을 창조하시고 그에게 명령하신 일은 무엇인가요? (28절)

___

3. 하나님께서 아담에게 명령하신 "다스리라"는 말은 어떤 뜻일까요? 일반적으로 "다스리다"라는 말은 권력으로 아랫사람들을 지배한다는 부정적 뉘앙스를 가지고 있는데, 하나님은 어떤 목적으로 "다스리라"고 말씀하셨을까요? (28절, cf. 창세기 1:20-22)

4. 하나님은 사람과 육지 동물에게 각각 먹을거리를 만들어 주셨습니다. 하나님이 만들어 주신 먹을거리를 지속적으로 먹어야 우리는 생존할 수 있습니다. 하나님은 우리와 동물들의 생존을 위해서 무엇을 주셨나요? 사람은 다른 존재와 어떻게 생존해야 하나요? (29, 30절)

2. 창세기 2:15~17

¹⁵ 여호와 하나님이 그 사람을 이끌어 에덴 동산에 두어 그것을 경작하며 지키게 하시고 ¹⁶ 여호와 하나님이 그 사람에게 명하여 이르시되 동산 각종 나무의 열매는 네가 임의로 먹되 ¹⁷ 선악을 알게 하는 나무의 열매는 먹지 말라 네가 먹는 날에는 반드시 죽으리라 하시니라

1. 하나님은 첫 사람 아담에게 무엇을 명령(위임)하셨나요? (15절)

2. 하나님은 아담에게 에덴동산을 경작하라고 말씀하시고 동산에 있는 여러 나무의 열매를 먹으라고 하셨습니다. 경작하고 따서 먹는 '일'은 무엇을 위한 것인가요? (15-16절)

3. 하나님은 아담에게 에덴동산을 지키라고 말씀하시고 선악과를 먹지 않아야 죽지 않는다고 경고하셨습니다. 아담의 일터인 에덴동산을 무엇으로부터 지키라는 뜻일까요? (15, 17절)

4. '경작하라'와 '지키라'는 말씀이 합쳐지는 표현은 주로 구약의 제사장에게 많이 적용되고 있습니다. 제사장은 어떤 역할을 하는 사람인가요? 일터에서 우리가 제사장으로 산다는 것은 어떤 의미일지 생각해 보세요.

성찰과 적용 토론을 위한 질문

1. 나는 그동안 무엇을 위해 일한다고 생각했나요? 생계를 위해 일하는 것이 어떻게 하나님의 소명이 될 수 있나요?

2. 내가 지금 일터에서 하고 있는 일은 어떤 면에서 나와 다른 사람들의 삶과 생존에 긍정적인 영향력 혹은 도움을 주고 있나요? 내 일터에서 하나님의 소명에 따른다면 어떤 일에 최선을 다해야 할까요?

3. 내가 생계의 두려움에서 벗어나 소명으로 일하려면 무엇이 필요할까요?

4. 내가 소명의식으로 일하면 무엇이 달라지고 무엇을 기대할 수 있나요?

정리하기

1. 오늘 공부한 내용의 주제 혹은 깨달음을 1~2문장으로 정리해 보세요.

2. 반드시 기억하고 간직하며 실천하고 싶은 점을 적어 보세요.

격려와 기도

소그룹 멤버들이 일터에서 겪는 위기나 애로사항을 함께 나누고 서로를 격려하며 서로를 위해 기도하시기 바랍니다. 특별히 어려움을 겪고 있는 멤버를 위한 중보기도에 집중하세요.

제2장 그리스도인의 일터 현실

핵심 포인트

힘들고 어려운 일터 또한 소명의 현장이라고 믿는다.
소명의 관점에서 일터가 왜 힘든지 이해한다.
힘든 일터에서 구원의 소망을 생각해 본다.

개념 이해　우리 일터는 왜 이렇게 힘들까?

소명 받은 사람들의 일터 현실

　　하나님의 형상으로 창조된 우리는 세상 속 일터에서 하나님의 대리인 혹은 청지기로 나와 타인의 생계와 번영을 위해 일하라는 소명을 받았습니다. 하지만 소명의식으로 철저히 무장하고 출근한다 해도 일터는 결코 녹록치 않습니다. 냉정하고 살벌한 생존경쟁이 펼쳐지는 일터에서 소명의식을 생각하는 것도, 소명의식을 따르는 것도 쉽지 않습니다. 많은 직장인들이 일터에서 스트레스를 받고 정신적 어려움을 호소하고 있습니다. 업무 만족도는 세계 최하위권이고, 스트레스 수준은 세계 최상위권입니다. 하나님이 그리스도인들을 부르고 보내시는 일터 현장은 에덴동산 같은 낙원이 아니라 치열한 전쟁터에 가깝습니다.

일터에서 겪는 피곤과 혼란

소명의 관점으로 바라보면 우리 일터는 피곤하고 혼란스럽습니다. 직장인들에게 일터는 그리 행복한 곳이 아닙니다. 그들이 행복감을 느끼지 못하는 이유는 일상화된 치열한 경쟁으로 인한 불신과 시기, 질투와 같은 부정적 감정이 마음에 가득 차 있기 때문입니다. 자신이 하는 일에서 의미를 발견하지 못하는 가치 부재의 문제, 그리고 직장 상사와 동료들 사이에서 갈등하는 인간관계 문제도 일터를 행복하지 않은 곳으로 만드는 원인으로 지목되고 있습니다.

성경에서도 행복하지 않은 일터 현실을 자주 발견할 수 있습니다. 바벨탑을 만드는 건설 현장에는 스스로 하나님이 되고자 하는 인간들의 영적 교만이 가득 찼습니다. 애굽 왕 바로는 이스라엘 백성에게 쉼 없는 강제 노동으로 생명을 위협했습니다. 사사시대 이스라엘은 추수 때만 되면 이방 민족들의 약탈에 시달렸습니다. 가난한 자들을 속이고 폭리를 취하는 부자 상인들은 하나님의 분노를 살 정도로 불의했습니다. 오늘날 우리의 일터도 이런 교만과 위협과 약탈과 불의에서 그리 자유롭지 못합니다. 성경은 우리에게 소명의식을 가지라고 말하지만, 막상 우리가 맞닥뜨리는 현실은 만만치 않게 부정적입니다.

인간의 타락과 고통스러운 일터

하나님께서 소명으로 주신 우리 일터는 왜 이렇게 고통스러울까요? 성경은 타락한 인간성이 고통의 근원이라고 설명합니다. 하나님의 말씀에 순종하지 않고 스스로 하나님이 되어 자신의 욕망을 추구하려는 인간들은 신들의 전쟁처럼 양보 없는 경쟁으로 불안하게 살아갑니다. 직장인들의 마음속에는 '직장은 원래 힘든 곳'이라는 생각이 당연한 것처럼 자리 잡고 있습니다.

타락이라는 근원적 문제가 해결되지 않는 한, 불안에서 벗어나려 더 열심히 일하게 되고, 더 열심히 일할수록 더 많은 고통이 찾아옵니다. 타락한 인간은 일터를 하나님께서 약속하신 젖과 꿀이 흐르는 땅으로 믿기보다는 자신의 생계와 삶을 타인으로부터 지켜야 하는 생존 현장으로 생각합니다. 협력하고 배려하고 도우며 함께 먹고살라고 하나님께서 주신 일터가 통증을 느낄 정도로 수고하고 땀을 흘려야만 먹고살 수 있는 삭막한 곳이 되었습니다.

소망은 없는가?

소명의식이 없는 사람들은 대체적으로 힘겨운 일터와 고통스러운 노동을 어쩔 수 없는 운명으로 받아들입니다. 우리 일터에 소망은 없을까요? 성경은 이런 현실이 운명이 아니라 소명으로 변혁해야 할 대상임을 강조합니다. 타락한 일터에서 소망을 발견하고 하나님의 뜻을 실현하라고 하나님께서 우리를 부르시고 일을 주셨습니다. 물론 내가 소명을 받았다고 일터가 갑자기 천국으로 변하지는 않습니다. 소명을 받은 우리가 먼저 해야 할 일은 소명의 관점에서 우리 일터가 얼마나 힘들고 어려운지 냉철하게 이해하고 문제의 원인을 분석하는 것입니다. 타락한 현실을 이해하고 공감할 때 우리는 구원을 갈망하고 기도하고 노력할 수 있습니다.

소명을 받은 사람들에게 일터는 이중적 의미를 가지고 있습니다. 일터는 힘들고 고통스러운 현실이기는 하지만, 동시에 이러한 현실을 더 좋은 곳으로 만들라는 소명으로 도전하는 곳입니다. 그리스도인에게 일터는 구원이 필요한 타락한 현실입니다. 그리스도인도 다른 사람들과 마찬가지로 일터에서 피곤하고 혼란하고 불안한 상황에 처하여 있지만 여기에서 한 발짝 앞으로 나아가 소명을 주신 하나님의 마음으로 현실을 이해하고 개선하려 노력해야 합니다.

결론

우리가 일하는 곳은 불안하고 힘든 곳입니다. 직장인들은 자기 꿈을 위해 서로 경쟁하며 성공하려 합니다. 그리스도인은 이러한 일터에서 소명으로 일하라는 부르심을 받았습니다. 같은 현실에서 살지만 자신의 정체성을 잃지 않고 소명의 관점으로 일터를 바라보면 일하는 목적과 방법이 달라지고 영적 성취감과 만족감을 느낄 수 있습니다.

성경 연구   일의 소명과 힘든 일터

1. 창세기 3:17~24

17 아담에게 이르시되 네가 네 아내의 말을 듣고 내가 네게 먹지 말라 한 나무의 열매를 먹었은즉 땅은 너로 말미암아 저주를 받고 너는 네 평생에 수고하여야 그 소산을 먹으리라 18 땅이 네게 가시덤불과 엉겅퀴를 낼 것이라 네가 먹을 것은 밭의 채소인즉 19 네가 흙으로 돌아갈 때까지 얼굴에 땀을 흘려야 먹을 것을 먹으리니 네가 그것에서 취함을 입었음이라 너는 흙이니 흙으로 돌아갈 것이니라 하시니라 20 아담이 그의 아내의 이름을 하와라 불렀으니 그는 모든 산 자의 어머니가 됨이더라 21 여호와 하나님이 아담과 그의 아내를 위하여 가죽옷을 지어 입히시니라

> ²² 여호와 하나님이 이르시되 보라 이 사람이 선악을 아는 일에 우리 중 하나 같이 되었으니 그가 그의 손을 들어 생명 나무 열매도 따먹고 영생할까 하노라 하시고 ²³ 여호와 하나님이 에덴 동산에서 그를 내보내어 그의 근원이 된 땅을 갈게 하시니라 ²⁴ 이같이 하나님이 그 사람을 쫓아내시고 에덴 동산 동쪽에 그룹들과 두루 도는 불 칼을 두어 생명 나무의 길을 지키게 하시니라

1. 아담이 선악과를 따먹은 뒤에 땅을 경작하고 그 소산(농작물)을 먹고 살아야 하는 노동 현실은 어떻게 변했나요? (17-19절)

2. 하나님은 아담의 타락에 대한 징벌로 직접 그를 고통스럽게 하신 것이 아니라 땅을 저주하셨습니다. 그 의미는 무엇일까요? (17-18절)

3. 하나님이 하와에게 출산의 능력을 취소하지 않으시고 아담과 하와에게 가죽옷을 입히신 이유는 무엇일까요? (20-21절)

4. 에덴에서 쫓겨난 아담에게 하나님은 일하라는 소명을 취소하셨나요? (23-24절)

2. 출애굽기 5:3~8

³ 그들이 이르되 히브리인의 하나님이 우리에게 나타나셨은즉 우리가 광야로 사흘 길쯤 가서 우리 하나님 여호와께 제사를 드리려 하오니 가도록 허락하소서 여호와께서 전염병이나 칼로 우리를 치실까 두려워하나이다 ⁴ 애굽 왕이 그들에게 이르되 모세와 아론아 너희가 어찌하여 백성의 노역을 쉬게 하려느냐 가서 너희의 노역이나 하라 ⁵ 바로가 또 이르되 이제 이 땅의 백성이 많아졌거늘 너희가 그들로 노역을 쉬게 하는도다 하고 ⁶ 바로가 그날에 백성의 감독들과 기록원들에게 명령하여 이르되 ⁷ 너희는 백성에게 다시는 벽돌에 쓸 짚을 전과 같이 주지 말고 그들이 가서 스스로 짚을 줍게 하라 ⁸ 또 그들이 전에 만든 벽돌 수효대로 그들에게 만들게 하고 감하지 말라 그들이 게으르므로 소리 질러 이르기를 우리가 가서 우리 하나님께 제사를 드리자 하나니

1. 애굽 왕 바로는 히브리인이라고 지칭하는 이스라엘 백성에게 쉼이 없는 중노동을 시켰습니다. 여호와 하나님과 '신의 아들'이라고 불리던 애굽의 바로 왕은 이스라엘에게 무엇을 요구했나요? (3-5절)

2. 바로 왕은 이스라엘 백성이 쉬지 못하도록 어떤 명령을 내렸습니까? 우리의 일터와 비교하면 이스라엘의 처지는 어떤 상황일까요? (7-8절, cf. 출애굽기 5:10-14)

3. 모세와 아론은 바로에게 이스라엘 백성이 사흘 길 떨어진 광야에서 여호와께 제사를 드릴 수 있도록 요구했습니다. 이 요구의 의미는 무엇일까요? (3, 8절, cf. 출애굽기 3:7-10, 34:21)

4. 내가 만약 쉼 없는 노동에 시달리는 이스라엘 백성의 처지였다면 무엇이 가장 힘들었을까요? 그 문제를 해결하기 위해 무엇을 했을까요?

성찰과 적용 토론을 위한 질문

1. 지금 일하는 곳에서 불안과 혼란, 존엄성 훼손을 경험한 적이 있나요? 지금 일하고 있는 직장에서 무엇이 힘든가요?

2. 일터에서 부정적 경험과 감정을 가질 때 도저히 극복할 수 없는 한계를 느끼고 퇴사하고 싶다는 마음이 든 적이 있었나요? 이런 느낌과 마음이 들 때 어떻게 했나요?

3. 일에 대한 소명의식으로 내 일터를 바라보면 지금의 절망스럽고 혼란한 일터가 달리 보일 수 있습니다. 자신의 정체성에 대한 확신에 따라 현실은 어쩔 수 없는 운명일 수도, 개선될 여지가 있을 수도 있습니다. 일터에 대한 소명의식으로 내가 개선할 수 있는 것들을 생각해 보고 나눠 보세요.

정리하기

1. 오늘 공부한 내용의 주제 혹은 깨달음을 1~2문장으로 정리해 보세요.

2. 반드시 기억하고 간직하며 실천하고 싶은 점을 적어 보세요.

_____

_____

_____

격려와 기도

　소그룹 멤버들이 일터에서 경험하고 느끼는 절망과 불안과 고통이 무엇인지 가능한 구체적으로 함께 나누고 도움의 말을 나누고 격려하며 기도하세요. 여기에서 나눈 개인적인 이야기들이 외부에 알려지지 않도록 조심하시기 바랍니다.

제3장 "번영하라"는 하나님의 소명

> **핵심 포인트**
>
> 세상 일터에서 일하는 나의 정체성에 대해 생각해 본다.
>
> 내 일이 나와 이웃의 삶을 어떻게 번영케 하는지 살펴본다.
>
> 힘든 일터에서도 나와 함께하시는 하나님을 의식하고 의지한다.

개념 이해   나와 세상의 번영을 위해 일하라

세상 속 그리스도인의 정체성

그리스도인은 세상에서 비그리스도인들과 함께 일하며 살지만 세상에 속한 사람은 아닙니다. 그리스도인은 예수님을 믿기 전에 익숙하던 세상의 가치관과 세계관에서 벗어나 새로운 마음과 자세로 살아갑니다. 그리스도인은 나그네 혹은 거류민입니다(베드로전서 1:1, 17, 2:11). 합법적으로 체류하고 있지만 언젠가는 고향으로 돌아갈 외국인 같은 존재라는 의미입니다. 그리스도인은 국가, 회사 등 육체적으로 소속된 신분과 하나님 나라 백성이라는 영적 신분, 즉 이중의 신분을 가지고 있습니다. 세상 시민으로서 수행하는 직업적인 일에 하나님 나라 백성의 가치관을 담으라는 소명을 받았습니다.

그러나 일터에서 자신의 정체성을 뚜렷하게 지키기는 쉽지 않습니다. 때론 일터에서 어쩔 수 없이 불법과 탈법의 경계선을 넘나들며 불의한 직장문화를 만드는 데 일조하기도 합니다. 일터에 만연한 욕망과 이기심과 갈등에서 온전히 자유롭지 못한 것이 연약한 우리의 현실입니다. 그럼에도 불구하고 하나님은 부족한 우리가 세상 일터에서 일하며 하나님의 소명에 참여하기를 바라십니다.

"번영하라"는 하나님의 소명

타락하고 힘겨운 세상 속 일터에서 하나님은 무엇을 원하실까요? 하나님은 그곳에서도 우리가 번영하기를 바라십니다. 타락한 세상에서도 타락 이전에 주신 "번영하라(번성하라)"는 창조 명령(창세기 1:26-28)을 계속 이행하라고 하십니다. 홍수 심판에서 살아남은 노아 가족에게도 번영하라(생육하고 번성하여 땅에 충만하라)는 소명을 주셨습니다(창세기 9:1).

번영하라(flourish)는 하나님의 소명은 우리의 생명이 건강하고 평화롭고 자유롭고 아름답게 유지되고 성장하라는 뜻입니다. 정직하게 일해서 풍족함을 누리며 즐겁고 안전하게 사는 것입니다. 영혼의 생명뿐 아니라 육체의 생명이 번영하는 것을 하나님은 기뻐하십니다. 영혼의 구원을 받은 생명은 일터에서 다른 사람들과 함께 풍성한 생명을 누릴 수 있도록 일합니다.

합법적 직업에 종사하며 성실하게 일하는 사람들은 의식하든 의식하지 못하든 다른 사람들의 삶이 번영하도록 돕습니다. 교사와 교수와 강사는 학생들에게 지식과 지혜를 가르쳐 자립하도록 돕습니다. 의사와 간호사와 약사는 환자들의 건강을 회복시켜 줍니다. 음식점과 시장에서 일하는 사람들은 먹을거리를 제공합니다. 공무원들은 법질서를 지키고 복지를 위해 일합니다. 이처럼 우리는 각자 맡은 곳에서 일하면서 나와 타인이 번영하는 데 기여합니다. 이것이 우리에게 일하라는 소명과 함께 일할 기회를 주시는 하나님의 뜻입니다.

그리스도인은 이러한 하나님의 뜻을 분명하게 알고 일할 때 분주하고 힘든 일터에서 자신의 정체성을 지킬 수 있습니다. 전에는 나밖에 몰랐다면 이제는 함께 성장하고 성공하기 위해 능력을 키우고 성실하게 일하며 서로 돕고자 하는 마음을 갖게 됩니다. 번영하라는 하나님의 소명은 기독교 일부에서 주장하는 번영 신학(prosperity gospel)과 다릅니다. 번영 신학이 나의 소원을 이루고 욕망을 채우는 자기중심적 만족과 필요를 우선시한다면, 번영의 소명은 나와 이웃과 공동체가 함께 잘사는 세상을 추구합니다.

왜 세상의 번영을 위해 일해야 할까?

세상에 속하지 않은 그리스도인이 왜 세상의 번영을 위해 일해야 할까요? 여호와 하나님은 예레미야 선지자를 통해 바벨론에 포로로 끌려간 유대인들에게 바벨론의 평안을(평화를) 구하라고 하셨습니다(예레미야 29:7). 바벨론이 평안해야 그곳에 사는 유대인들이 평안하게 살 수 있습니다. 그러나 하나님은 여기에서 한 발 더 나아가 바벨론도 유대인들의 영향을 받아 번영하기를 바라십니다. 세계와 그 가운데 사는 자들은 모두 하나님의 것이기 때문입니다(시편 24:1).

그리스도인은 세상 속에서 왕 같은 제사장의 역할을 하며 하나님의 선을 세상에 드러낼 책임이 있습니다(베드로전서 2:9). 그리스도인은 이 책임을 의식하고 일터에서 복음을 전하고, 하나님의 긍휼하심을 실천하고, 동시에 자신이 속한 조직의 제도적 개선을 위해 노력합니다. 비록 일터에서 동료들이 자기 유익을 위해 다른 사람들과 갈등할지라도, 그리스도인은 내가 하는 일이 나와 타인의 삶에 선한 영향을 줄 수 있는 길을 분별하고 따라가야 합니다. 이렇게 해서 그리스도인은 세상의 복이 될 것이라는 하나님의 약속을 성취합니다(창세기 12:1-3).

결론

그리스도인에게 세상 속 일터는 힘들고 어려운 곳입니다. 그리스도인과 비그리스도인이 일터에서 구별되지 않는 경우도 많습니다. 그러나 신실한 그리스도인은 자신의 유익만이 아니라 타인의 번영을 위해 일하는 모습에서 구별되어 보입니다. 하나님이 주시는 지혜와 능력으로 나와 세상의 번영을 위해 일할 때 우리는 일하는 보람을 느낍니다. 내가 하는 일이 보잘것없어 보여도 분명 누군가의 삶에 선한 영향을 미칠 수 있습니다.

성경 연구 　"번영하라"는 일터 소명

1. 예레미야 29:1~14

¹ 선지자 예레미야가 예루살렘에서 이 같은 편지를 느부갓네살이 예루살렘에서 바벨론으로 끌고간 포로 중 남아 있는 장로들과 제사장들과 선지자들과 모든 백성에게 보냈는데 ² 그때는 여고니야 왕과 왕후와 궁중 내시들과 유다와 예루살렘의 고관들과 기능공과 토공들이 예루살렘에서 떠난 후라 ³ 유다의 왕 시드기야가 바벨론으로 보내어 바벨론의 왕 느부갓네살에게로 가게 한 사반의 아들 엘라사와

힐기야의 아들 그마랴 편으로 말하되 ⁴ 만군의 여호와 이스라엘의 하나님께서 예루살렘에서 바벨론으로 사로잡혀 가게 한 모든 포로에게 이와 같이 말씀하시니라 ⁵ 너희는 집을 짓고 거기에 살며 텃밭을 만들고 그 열매를 먹으라 ⁶ 아내를 맞이하여 자녀를 낳으며 너희 아들이 아내를 맞이하며 너희 딸이 남편을 맞아 그들로 자녀를 낳게 하여 너희가 거기에서 번성하고 줄어들지 아니하게 하라 ⁷ 너희는 내가 사로잡혀 가게 한 그 성읍의 평안을 구하고 그를 위하여 여호와께 기도하라 이는 그 성읍이 평안함으로 너희도 평안할 것임이라 ⁸ 만군의 여호와 이스라엘의 하나님께서 이와 같이 말하노라 너희 중에 있는 선지자들에게와 점쟁이에게 미혹되지 말며 너희가 꾼 꿈도 곧이듣고 믿지 말라 ⁹ 내가 그들을 보내지 아니하였어도 그들이 내 이름으로 거짓을 예언함이라 여호와의 말씀이니라 ¹⁰ 여호와께서 이와 같이 말씀하시니라 바벨론에서 칠십 년이 차면 내가 너희를 돌보고 나의 선한 말을 너희에게 성취하여 너희를 이곳으로 돌아오게 하리라 ¹¹ 여호와의 말씀이니라 너희를 향한 나의 생각을 내가 아나니 평안이요 재앙이 아니니라 너희에게 미래와 희망을 주는 것이니라 ¹² 너희가 내게 부르짖으며 내게 와서 기도하면 내가 너희들의 기도를 들을 것이요 ¹³ 너희가 온 마음으로 나를 구하면 나를 찾을 것이요 나를 만나리라 ¹⁴ 이것은 여호와의 말씀이니라 나는 너희들을 만날 것이며 너희를 포로된 중에서 다시 돌아오게 하되 내가 쫓아 보내었던 나라들과 모든 곳에서 모아 사로잡혀 떠났던 그곳으로 돌아오게 하리라 이것은 여호와의 말씀이니라

1. 예레미야 선지자로부터 여호와 하나님의 말씀을 전달받은 유대인들은 정치적, 사회적, 종교적으로 어떤 상황에 처해 있었을까요? 일제 강점기에 고국에서 식민지 생활을 해야 했던 선조들의 처지를 생각하면서 유대인들의 상황을 유추해 보세요. (1-4절)

2. 하나님은 유대인들이 70년 뒤에 예루살렘으로 다시 돌아오게 하겠다고 약속하셨습니다. 바벨론은 영원히 살 곳이 아니었습니다. 그런데 하나님은 곧 떠날 그들에게 무엇을 명령하셨나요? 하나님은 왜 이런 명령을 주셨을까요? (5, 6, 10, 14절)

3. 하나님은 유배지 바벨론을 위해 무엇을 구하라고 유대인들에게 요구하셨나요? 왜 유대인들이 원수인 바벨론 사람들을 위해 그것을 구해야 했을까요? (7, 11절)

4. 하나님은 유배지 유대인들의 번영과 평화를 위해 어떤 약속을 하셨나요? (12-13절)

5. 바벨론에서 유배생활을 하던 유대인들의 상황과 우리의 일터, 그리고 유대인들에게 주신 소명과 우리의 소명을 비교해 보세요. 어떤 유사점을 발견할 수 있나요?

성찰과 적용 토론을 위한 질문

1. 번영하라는 일의 소명을 따른다면 나는 지금 일터에서 만나는 동료들을 어떤 마음으로 바라보고 대해야 할까요?

2. 나와 동료들이 함께 성장하고 직장이 잘 되기 위해 내가 해야 할 일을 찾아보세요.

3. 나는 동료들과 직장의 번영을 위해 신앙적으로 어떤 노력을 하고 있나요?

정리하기

1. 오늘 공부한 내용의 주제 혹은 깨달음을 1~2문장으로 정리해 보세요.

2. 반드시 기억하고 간직하며 실천하고 싶은 점을 적어 보세요.

격려와 기도

소그룹 멤버들이 번영하는 삶을 위해 일하는 과정에서 겪는 어려움과 모호함을 함께 나누고 격려하고 위로하며 기도하세요. 여기에서 나눈 개인적인 이야기들이 외부에 알려지지 않도록 조심해 주시기 바랍니다.

제4장 일터에서 성령과 함께 일하기

핵심 포인트

성령은 우리 일터에서 활동하신다.
우리는 성령께서 주시는 은사와 열매로 일한다.
어떤 곳, 어떤 상황에서도 성령과 함께 일하라.

개념 이해 일과 성령

일터에 계시는 성령

그리스도인이 일터에서 번영하라는 하나님의 소명을 성취하려면 성령과 함께 일해야 합니다. 성령은 교회 안에만 계시지 않고 세상 모든 영역에서 일하십니다. 성령은 태초부터 삼위일체 하나님의 한 인격으로서 세상에서 활동하였고 지금도 우리 삶 속에 깊숙이 들어와 계십니다. 하나님의 영이신 성령은 예수님의 승천 이후 오순절에 제자들에게 임하셨지만, 하나님의 천지창조 시작 전부터 온 세상에 운행하고 계셨습니다(창세기 1:2).

구약 시대에 하나님은 자신의 영을 이스라엘 백성에게 보내 그들의 역사를 이끌어가셨습니다. 하나님의 영은 불순종한 사울 왕을 떠나고(사무

엘상 16:14), 사울을 대체할 왕으로 기름 부음 받은 다윗에게 임하였습니다(사무엘상 16:13). 신약 시대에도 하나님은 성령을 통해 세상을 다스리십니다. 하나님이 안 계시는 것처럼 느껴지는 일터에도 성령이 계십니다. 카이사레아의 바실(Basil of Caesarea)이 말했듯이, 인간의 모든 일은 성령의 능력 안에서 이루어지고 있습니다. 그리스도인은 일터와 같은 일상의 영역에서도 성령과 함께 살라는 명령과 약속을 받았습니다.

하나님의 성품을 닮게 하시는 성령

성령은 진리의 영입니다(요한복음 14:16-17). 진리는 하나님의 말씀입니다. 말씀에는 하나님의 성품을 닮은 하나님의 나라가 담겨 있습니다. 성령은 우리로 하여금 진리의 말씀을 믿고 배워 하나님을 닮은 사람으로 성숙해지고 하나님 나라를 위해 일하게 하십니다. 성령의 열매(사랑, 희락, 화평, 오래 참음, 자비, 양선, 충성, 온유, 절제)는 하나님의 성품을 상징합니다(갈라디아서 5:22-23). 이 열매는 개인의 내적인 성품에 머물지 않고 사람과 사람 사이의 사회적 관계에서 맺어지는 거룩한 성품입니다. 성령의 열매는 가정과 교회뿐 아니라 일터에서도 맺혀야 합니다. 우리가 성령과 함께 일한다면 일과 인간관계는 하나님 나라를 닮아갈 것입니다.

성령은 함께 번영하는 세상을 도우십니다. 하나님은 창조 세계를 하나님의 뜻대로 유지하고 발전시키기 위해 우리에게 일하라는 소명을 주시면서 순간순간 성령을 통해 지혜와 능력을 주십니다. 그리스도인들이 성령의 능력으로 열매를 맺지 않으면 일터에서 비그리스도인들과 마찬가지로 스트레스로 고통을 받을 것입니다. 그러나 성령의 열매를 맺으면 스트레스를 적절하게 관리할 수 있습니다.

성령의 은사인 내 일

성령은 우리에게 은사를 주십니다. 은사는 하나님께서 주시는 특별한 능력과 지혜입니다. 성령은 말씀, 믿음, 병 고침, 예언, 영 분별, 방언, 방언 통역 등 다양한 은사를 주셔서 교회의 지체들을 서로 섬기도록 하십니다(고린도전서 12:4-11). 성령의 은사는 교회에만 국한되지 않습니다. 성령은 우리 각자에게 특별한 직업 영역에 대한 관심과 재능, 곧 은사를 주셔서 그 일에 종사하게 하십니다. 하나님은 오홀리압과 브살렐에게 영으로 충만케 하셔서 성전 기구들을 만드는 지혜와 능력을 주셨습니다(출애굽기 31:1-6). 하나님은 농부들에게 농사짓는 모략과 지혜를 주시고, 다윗과 솔로몬 같은 왕에게는 국가 경영 능력을 주시고, 제사장과 레위인에게는 성전에서 봉사하는 직분과 능력을 주셨습니다. 세상을 번영케 하도록 하나님께서 각 사람에게 직업적으로 특별한 능력을 주시는데 이 또한 성령의 은사입니다.

은사(재능, 달란트)는 직업 선택의 기준이자 성공의 길입니다. 은사를 주시는 성령은 우리에게 은사로 일할 수 있는 능력을 주십니다. 우리가 어떤 직업에 종사한다는 것은 성령께서 각 사람에게 주신 은사의 결과입니다. 은사로 하는 일은 대체적으로 재미있고 창의적이고 능률적입니다. 그러므로 그리스도인은 성령께서 나에게 주신 직업적 은사가 무엇인지 분별하고 발전시켜 자신의 능력을 마음껏 발휘할 때 행복하게 일할 수 있습니다.

성령과 함께 일하려면

성령의 은사로 열매를 맺는 그리스도인은 일터에서 좋은 영향력을 끼

칩니다. 성령은 내 일에 많은 관심을 가지고 나를 이끌어주십니다. 그러므로 그리스도인은 언제든지 성령의 인도하심에 따라야 합니다. 바쁜 일터에서 성령의 인도하심을 받기 위해서는 영적 훈련과 노력이 필요합니다. 성령과 함께 일하려는 영적 의지와 성령과 활발한 영적 교제가 있어야 합니다.

성령과 함께 일하려면 일터에서 수시로 기도해야 합니다. 크고 작은 일에서 하나님의 뜻을 묻고 지혜를 간구하고 능력을 키우는 기도훈련으로 일터에서 혼란을 줄일 수 있습니다. 어려운 일이나 중요한 일에 조언하고 격려해 줄 신앙의 친구들도 필요합니다. "철이 철을 날카롭게 하는 것 같이 사람이 그의 친구의 얼굴을 빛나게 하느니라"(잠언 27:17). 이처럼 홀로 혹은 함께 성령께 의지하며 지혜와 능력을 구할 때 성령이 이끄시는 길을 분별할 수 있습니다.

결론

내가 일하는 곳에서 성령은 나와 함께 일하십니다. 성령은 하나님이 창조하신 세상이 번영하도록 우리에게 은사와 능력을 주셔서 각자의 일터에서 일하게 하십니다. 성령에 충만할 때 우리는 하나님의 성품으로 일하고 성령의 능력으로 의미 있는 성과를 냅니다. 이렇게 우리는 일터에서 성령과 함께 번영하는 삶과 일터를 만들어갑니다. 이를 위해 우리는 일터에서도 쉬지 말고 기도해야 합니다.

성경연구   성령과 함께 일하기

1. 고린도전서 2:6~14

⁶ 그러나 우리가 온전한 자들 중에서는 지혜를 말하노니 이는 이 세상의 지혜가 아니요 또 이 세상에서 없어질 통치자들의 지혜도 아니요 ⁷ 오직 은밀한 가운데 있는 하나님의 지혜를 말하는 것으로서 곧 감추어졌던 것인데 하나님이 우리의 영광을 위하여 만세 전에 미리 정하신 것이라 ⁸ 이 지혜는 이 세대의 통치자들이 한 사람도 알지 못하였나니 만일 알았더라면 영광의 주를 십자가에 못박지 아니하였으리라 ⁹ 기록된 바 하나님이 자기를 사랑하는 자들을 위하여 예비하신 모든 것은 눈으로 보지 못하고 귀로 듣지 못하고 사람의 마음으로 생각하지도 못하였다 함과 같으니라 ¹⁰ 오직 하나님이 성령으로 이것을 우리에게 보이셨으니 성령은 모든 것 곧 하나님의 깊은 것까지도 통달하시느니라 ¹¹ 사람의 일을 사람의 속에 있는 영 외에 누가 알리요 이와 같이 하나님의 일도 하나님의 영 외에는 아무도 알지 못하느니라 ¹² 우리가 세상의 영을 받지 아니하고 오직 하나님으로부터 온 영을 받았으니 이는 우리로 하여금 하나님께서 우리에게 은혜로 주신 것들을 알게 하려 하심이라 ¹³ 우리가 이것을 말하거니와 사람의 지혜가 가르친 말로 아니하고 오직 성령께서 가르치신 것으로 하니 영적인 일은 영적인 것으로 분별하느니라 ¹⁴ 육에 속한 사람은 하나님의 성령의 일들을 받지 아니하나니 이는 그것들이 그에게는 어리석게 보임이요, 또 그는 그것들을 알 수도 없나니 그러한 일은 영적으로 분별되기 때문이라

1. 하나님의 지혜인 십자가의 진리를 세상의 지혜는 스스로 깨닫지 못합니다. 왜 그럴까요? (6-9절)

2. 우리가 일터에서 하나님의 일과 하나님의 깊은 마음을 알려면 무엇이 필요한가요? (10-13절)

3. 하나님의 영이 아니라 육에 속한 사람들의 비극은 무엇인가요? (14절)

2. 갈라디아서 5:16~26

¹⁶ 내가 이르노니 너희는 성령을 따라 행하라 그리하면 육체의 욕심을 이루지 아니하리라 ¹⁷ 육체의 소욕은 성령을 거스르고 성령은 육체를 거스르나니 이 둘이 서로 대적함으로 너희가 원하는 것을 하지 못하게 하려 함이니라 ¹⁸ 너희가 만일 성령의 인도하시는 바가 되면 율법 아래에 있지 아니하리라 ¹⁹ 육체의 일은 분명하니 곧 음행과 더러운 것과 호색과 ²⁰ 우상 숭배와 주술과 원수 맺는 것과 분쟁과 시기와 분냄과 당 짓는 것과 분열함과 이단과 ²¹ 투기와 술 취함과 방탕함과 또 그와 같은 것들이라 전에 너희에게 경계한 것 같이 경계하노니 이런 일을 하는 자들은 하나님의 나라를 유업으로 받지 못할 것이요 ²² 오직 성령의 열매는 사랑과 희락과 화평과 오래 참음과 자비와 양선과 충성과 ²³ 온유와 절제니 이 같은 것을 금지할 법이 없느니라 ²⁴ 그리스도 예수의 사람들은 육체와 함께 그 정욕과 탐심을 십자가에 못박았느니라 ²⁵ 만일 우리가 성령으로 살면 또한 성령으로 행할지니 ²⁶ 헛된 영광을 구하여 서로 노엽게 하거나 서로 투기하지 말지니라

1. 그리스도인들이 일터에서 성령을 따르지 않으면 어떻게 일하며 살게 될 우려가 있나요? (16-18절)

2. 성령을 따르지 않고 육체의 소욕을 따르면 자기중심적으로 생각하고 판단할 수밖에 없습니다. 이 때문에 갈등하고 미워하고 부끄러운 모습을 보입니다. 육체의 소욕을 따르는 사람들은 일터에서 구체적으로 어떤 모습을 보일까요? (19-21절)

3. 성령을 따르는 사람들은 성령의 열매를 맺습니다. 어떤 열매들인가요? 성령의 열매의 원천은 어디인가요? 내가 일터에서 더욱 구하고 싶은 성령의 열매는 무엇인가요? (22-23절)

4. 그리스도 예수의 사람으로서 우리는 일터에서 적극적으로 성령을 따라 살아야 합니다. 우리는 육체의 욕망에 따르고 싶은 유혹을 받을 때 어떻게 대응해야 할까요? (24-26절)

성찰과 적용 토론을 위한 질문

1. 어떤 직장에서 무슨 일을 해야 할지 모른다면 나에게 주신 성령의 은사가 무엇인지를 먼저 생각해야 합니다. 은사는 직업과 직장 선택의 중요한 기준입니다. 물론 은사는 하나님의 뜻에 따라 달라지기도 합니다. 나의 직업적 은사는 무엇이라고 생각하나요? 지금 하고 있는 일은 성령께서 주시는 은사에 부합하는 일이라고 생각하나요?

2. 나는 일터에서 어떻게 기도하고 있나요? 기도 응답을 받은 경험이 있나요? 기도를 방해하는 것은 무엇인가요?

_____
_____
_____

3. 우리는 기도하면서 자신의 욕망이 이뤄지는 것을 기도 응답으로 오해하는 경우가 있습니다. 성령이 우리 기도에 응답하시는 것이라고 인정하고 분별할 수 있는 기준은 무엇일까요?

_____
_____
_____

정리하기

1. 오늘 공부한 내용의 주제 혹은 깨달음을 1~2문장으로 정리해 보세요.

_____
_____
_____

2. 반드시 기억하고 간직하며 실천하고 싶은 점을 적어 보세요.

___

격려와 기도

소그룹 멤버들이 일터에서 부딪히고 있는 어려움이나 중요한 현안을 함께 나누고 성령이 주시는 지혜로 분별할 수 있도록 대화하고 기도하고 마무리하시기 바랍니다.

제5장 종말의 그날을 소망하며 일하라

> **핵심 포인트**
>
> 하나님은 종말의 날에 우리가 했던 일을 새롭게 하신다.
> 종말의 관점으로 오늘을 바라보며 인내하며 일하라.
> 종말에 완성될 그 일을 상상하며 오늘을 그날처럼 행하라.

개념 이해 종말의 소망과 오늘의 일

새 하늘과 새 땅의 소망

기독교가 다른 종교나 학문과 뚜렷하게 구별되는 것 가운데 하나가 종말론입니다. 현재의 인간 역사가 언젠가 끝난다는 믿음이 종말론입니다. 하나님께서 죄 가운데 있는 이 세상을 마무리하고 새로운 세상을 주시겠다는 약속입니다. 종말에 올 세상을 성경은 새 하늘과 새 땅이라고 부릅니다(이사야 65:17; 요한계시록 21:1). 그날이 오면 하나님께서 세상에서 죄악을 제거하고 그동안 죄악에 희생당한 모든 이들의 눈물을 닦아주시고, 사람들은 더 이상 죽지 않고 애통하거나 곡하지 않고 아픔 없이 살게 됩니다(요한계시록 21:4, 8).

역사의 종말에 완성될 하나님 나라는 하나님께서 약속하신 미래의 일이지만, 예수 그리스도 안에서 이미 시작되었습니다. 그리스도께서 선포하신 하나님 나라는 멀리 떨어져 있지 않고 지금 우리를 향해 다가오고 있습니다. 예수님은 그날에 우리에게 다시 오셔서 세상을 온전하게 다스릴 것이라고 말씀하셨습니다(마태복음 24:29-31). 그리스도인은 종말의 그 날을 소망하는 마음으로 아직 해결되지 않고 있는 문제들 속에서 오늘을 살아갑니다. 여기에서 한 발 더 나아가 오늘이 마치 종말의 그날인 것처럼 생각하고 살아갑니다. 종말은 역사의 파국에 대한 메시지가 아니라 어떻게 미래를 준비하는 삶을 살아야 하는가에 대한 메시지입니다.

소멸? 회복? 완성?

종말이 오면 지금의 세상은 어떻게 될까요? 우리가 열심히 일해서 이뤄놓은 업적은 불필요해질까요? 종말에 심판의 불이 모든 것을 태워버릴까요? 성경은 새 하늘과 새 땅에 대한 예언에서 하나님께서 첫 창조 때 만드신 것들을 새롭게 하신다고 증언합니다(요한계시록 21:5). 무엇을 어떻게 새롭게 하실까요? 잃어버린 에덴동산을 회복하시는 것일까요?

종말의 그날에는 완전히 없어지는 것들도 있지만 지속될 것들도 있습니다. 타락한 세상에서 하나님의 뜻에 어긋나는 것들은 사라집니다. 번영하는 삶을 방해했던 것들은 새 하늘과 새 땅에 존재할 수 없습니다. 반면, 생명과 아름다움과 평화로 번영하는 삶을 도왔던 것들은 더욱 풍성해집니다. 칼과 창 같이 전쟁과 죽음의 도구들이 낫과 보습처럼 평화와 생명의 도구로 바뀝니다(이사야 2:4). 서로 먹고 먹히던 피조물들이 함께 놀고 웃는 세상으로 변합니다(이사야 11:6-9). 하나님이 에덴동산에서 만들고 싶어 하셨던 세상이 완성될 것입니다.

지금 하는 일은 종말에 어떻게?

새 하늘과 새 땅에서는 일을 하지 않을까요? 지금 우리가 하는 일은 더 이상 쓸모가 없어질까요? 그렇지 않습니다. 새 하늘과 새 땅은 일하지 않는 곳이 아니라 수고와 땀으로 상징되는 고통이 없이 일하면서 영원히 번영하는 삶을 누리는 곳입니다. 종말의 그날까지 우리가 해 온 일들은 불필요해지는 것이 아니라 하나님 나라에 합당하게 완성될 것입니다. 이방인들이 만들고 사용하고 누리던 많은 것들은 새 예루살렘 성에서 하나님의 영광을 위해 바쳐질 것입니다(이사야 60:1-9). 우리가 일해서 얻은 영광스러운 열매들은 폐기되지 않고 그곳으로 들어가 하나님 나라를 더욱 영광스럽고 존귀하게 빛낼 것입니다(요한계시록 21:24, 26).

그러므로 그리스도인은 종말의 그날에 영광스러운 하나님의 나라에 들어가기에 합당한 일을 해야 합니다. 『반지의 제왕』을 쓴 톨킨의 "니글의 이파리" 이야기처럼 우리가 지금 일터에서 최선을 다해 하는 일은 새 하늘과 새 땅을 장식하는 일부가 될 것입니다. 종말의 그날에 그리스도께서 우리가 일터에서 맺은 열매를 보시며 흡족하게 기뻐하는 모습을 상상해 봅시다. 종말의 비전은 이 땅의 영광이 아니라 종말의 그날에 얻을 영광을 위해 일하라는 권면입니다.

종말에 참여하는 일을 하라

종말의 그날은 그저 무서운 심판의 날이 아닙니다. 오히려 그날의 심판을 통과하고 영원한 하나님 나라 안으로 들어가 칭찬받고 우리가 해 오던 일을 자랑할 수 있는 소망의 날입니다. 가까이 다가오고 있는 종말의 미래에 참여하기 위해 일할 때, 우리가 지금 하고 있는 일이 거기에서도 사라지지 않고 인정받을 수 있습니다. 비록 지금은 흠이 있고 완전하지 않더라도 하나님은 영원한 하나님 나라에 합당하도록 완성시켜 주실 것입니다.

종말의 비전은 일터에서 힘들게 살아가는 우리에게 위로와 힘을 줍니다. "그러므로 내 사랑하는 형제들아 견실하며 흔들리지 말고 항상 주의 일에 더욱 힘쓰는 자들이 되라 이는 너희 수고가 주 안에서 헛되지 않은 줄 앎이라"(고린도전서 15:58). 종말의 소망을 가지고 지금 여기에서 악에 굴복하지 않고 이기는 사람들에게는 영원히 복된 삶을 선물로 받습니다(요한계시록 21:7). 잠시 믿음이 부족하고 한계를 넘지 못해 넘어질 수 있지만 종말의 소망을 잃어버리지 않는다면 회개하고 소명의 길로 되돌아올 수 있습니다. 힘들더라도 불의에 굴복하지 않고 인내하며 버틸 수 있습니다. 이처럼 종말에 대한 인식이 오늘 우리의 일을 결정합니다.

결론

하나님께서는 우리의 죄악으로 얼룩진 세상을 종말의 그날에 새로운 세상으로 완성시켜 주실 것입니다. 우리는 종말의 그날을 바라보며 하나님이 주신 소명에 합당하게 일하는 목적을 발견하고 인내할 힘을 얻습니다. 그리스도인은 일터에서 종말의 소망으로 새 하늘과 새 땅에 합당한 일을 하려고 노력합니다. 내가 지금 하는 일이 그곳을 아름답게 장식하는 일부분이 될 것이라는 믿음과 소망으로 사랑의 수고를 아끼지 않습니다.

 **성경 연구**   하나님의 영광을 드러내는 일

1. 마태복음 25:14~30

¹⁴ 또 어떤 사람이 타국에 갈 때 그 종들을 불러 자기 소유를 맡김과 같으니 ¹⁵ 각각 그 재능대로 한 사람에게는 금 다섯 달란트를, 한 사람에게는 두 달란트를, 한 사람에게는 한 달란트를 주고 떠났더니 ¹⁶ 다섯 달란트 받은 자는 바로 가서 그것으로 장사하여 또 다섯 달란트를 남기고 ¹⁷ 두 달란트 받은 자도 그같이 하여 또 두 달란트를 남겼으되 ¹⁸ 한 달란트 받은 자는 가서 땅을 파고 그 주인의 돈을 감추어 두었더니 ¹⁹ 오랜 후에 그 종들의 주인이 돌아와 그들과 결산할새 ²⁰ 다섯 달란트 받았던 자는 다섯 달란트를 더 가지고 와서 이르되 주인이여 내게 다섯 달란트를 주셨는데 보소서 내가 또 다섯 달란트를 남겼나이다 ²¹ 그 주인이 이르되 잘하였도다 착하고 충성된 종아 네가 적은 일에 충성하였으매 내가 많은 것을 네게 맡기리니 네 주인의 즐거움에 참여할지어다 하고 ²² 두 달란트 받았던 자도 와서 이르되 주인이여 내게 두 달란트를 주셨는데 보소서 내가 또 두 달란트를 남겼나이다 ²³ 그 주인이 이르되 잘하였도다 착하고 충성된 종아 네가 적은 일에 충성하였으매 내가 많은 것을 네게 맡기리니 네 주인의 즐거움에 참여할지어다 하고 ²⁴ 한 달란트 받았던 자는 와서 이르되 주인이여 당신은 굳은 사람이라 심지 않은 데서 거두고 헤치지 않은 데서 모으는 줄을 내가 알았으므로 ²⁵ 두려워하여 나가서 당신의 달란트를 땅에 감추어 두었었나이다 보소서 당신의 것을 가지셨나이다 ²⁶ 그 주인이 대답하여 이르되 악하고 게으른 종아 나는 심지 않은 데서 거두고 헤치지 않은 데서 모으는 줄로 네가 알았느냐 ²⁷ 그러면 네가 마땅히 내 돈을 취리하는 자들에게나 맡겼다가 내가 돌아와서 내 원금과 이자를 받게 하였을 것이니라 하

고 ²⁸ 그에게서 그 한 달란트를 빼앗아 열 달란트 가진 자에게 주라 ²⁹ 무릇 있는 자는 받아 풍족하게 되고 없는 자는 그 있는 것까지 빼앗기리라 ³⁰ 이 무익한 종을 바깥 어두운 데로 내쫓으라 거기서 슬피 울며 이를 갈리라 하니라

1. 이 비유는 종말의 날에 재림하실 예수님(비유 속 주인)의 심판에 대한 것입니다. 예수님은 우리가 주님께 받은 달란트(하나님 나라를 위해 일할 수 있는 능력)를 이용해 얻은 열매로 심판하십니다. 예수님이 다섯 달란트와 두 달란트 받은 사람을 칭찬하신 이유는 무엇인가요? 그들에게 무엇을 약속하셨나요? 종말에 예수님께 칭찬받기 위해 내가 받은 달란트로 일터에서 충성해야 할 '적은 일'은 무엇인가요? (21, 23절)

2. 한 달란트 받은 사람은 자신의 달란트를 이용하지 않고 땅에 감추어 두었다가 주인에게 혼났습니다. 자기에게 주어진 달란트로 하나님 나라를 위해 일하지 않았기 때문입니다. 그는 주인에게 어떤 사람이라는 평가를 받았나요? 그는 왜 달란트를 이용하지 않았나요? 그에게 주어진 벌은 무엇인가요? (24-30절)

3. 이 비유에서 예수님은 한 달란트 가진 사람의 달란트를 열 달란트 가진 첫 번째 종에게 주라고 하시면서 "(달란트를 이용해 얻은 열매가) 있는 자는 (종말의 하나님 나라에서) 받아 풍족하게 되고 없는 자는 그 있는 것까지 빼앗기"는 것으로 표현합니다. 이 말씀의 의도는 무엇일까요? (29절)

2. 이사야 65:17~25

[17] 보라 내가 새 하늘과 새 땅을 창조하나니 이전 것은 기억되거나 마음에 생각나지 아니할 것이라 [18] 너희는 내가 창조하는 것으로 말미암아 영원히 기뻐하며 즐거워할지니라 보라 내가 예루살렘을 즐거운 성으로 창조하며 그 백성을 기쁨으로 삼고 [19] 내가 예루살렘을 즐거워하며 나의 백성을 기뻐하리니 우는 소리와 부르짖는 소리가 그 가운데에서 다시는 들리지 아니할 것이며 [20] 거기는 날 수가 많지 못하여 죽는 어린이와 수한이 차지 못한 노인이 다시는 없을 것이라 곧 백 세에 죽는 자를 젊은이라 하겠고 백 세가 못되어 죽는 자는 저주 받은 자이리라 [21] 그들이 가

옥을 건축하고 그 안에 살겠고 포도나무를 심고 열매를 먹을 것이며 ²² 그들이 건축한 데에 타인이 살지 아니할 것이며 그들이 심은 것을 타인이 먹지 아니하리니 이는 내 백성의 수한이 나무의 수한과 같겠고 내가 택한 자가 그 손으로 일한 것을 길이 누릴 것이며 ²³ 그들의 수고가 헛되지 않겠고 그들이 생산한 것이 재난을 당하지 아니하리니 그들은 여호와의 복된 자의 자손이요 그들의 후손도 그들과 같을 것임이라 ²⁴ 그들이 부르기 전에 내가 응답하겠고 그들이 말을 마치기 전에 내가 들을 것이며 ²⁵ 이리와 어린 양이 함께 먹을 것이며 사자가 소처럼 짚을 먹을 것이며 뱀은 흙을 양식으로 삼을 것이니 나의 성산에서는 해함도 없겠고 상함도 없으리라 여호와께서 말씀하시니라

1. 이 본문은 여호와 하나님께서 이사야 선지자에게 주신, 종말의 날에 오게 될 새 하늘과 새 땅에 대한 예언입니다. 새 하늘과 새 땅에 들어가는 사람들이 누리는 행복은 어떤 것들이 있나요? (17-25절)

   _____
   _____
   _____
   _____

2. 새 하늘과 새 땅의 백성들은 여전히 일을 하는 것으로 묘사되고 있습니다. 이곳에서 하는 일은 종말 이전의 일터 경험과 어떻게 다른가요? 종말론적 완성에 대한 믿음을 가지고 있다면 새 하늘과 새 땅을 지금 미리 맛보기 위해 우리는 어떻게 해야 하나요? (21-23절)

3. 새 하늘과 새 땅에서는 종말 이전의 세상에 편만했던 경쟁과 적대 관계가 어떻게 변화될까요? 어떻게 이런 관계가 가능할까요? (25절, cf. 창세기 1:29-30)

성찰과 적용 토론을 위한 질문

1. 종말을 믿지 않는 사람들과 종말을 믿는 사람들이 살아가는 태도와 동기는 어떻게 다르다고 생각하나요? 지금 나는 종말을 믿는 사람으로서 어떤 삶의 방식(사고방식과 경제활동)으로 사는지 성찰해 보세요.

2. 하나님 나라는 종말에 완성될 것이지만 그리스도 안에서 이미 시작되었습니다. 그리스도인은 종말에 대한 믿음과 소망으로 살아갑니다. 우리가 종말의 믿음과 소망을 가진다면 현재의 삶과 일을 대하는 내 마음과 자세에는 어떤 영향이 있을까요?

3. 종말의 소망을 가지고 지금 내 삶과 일터를 돌아보면 크고 작은 변화가 필요함을 알게 됩니다. 자신의 현재 모습에 비춰보아 구체적으로 어떤 변화가 있어야 할지 생각하고 나눠 보세요. 성품과 반응의 변화, 돈과 사람을 대하는 태도의 변화, 일하는 목적과 방식의 변화, 창의적이고 탁월한 역량을 위한 노력 등등을 생각해 보세요.

정리하기

1. 오늘 공부한 내용의 주제 혹은 깨달음을 1~2문장으로 정리해 보세요.

   _____

   _____

   _____

2. 반드시 기억하고 간직하며 실천하고 싶은 점을 적어 보세요.

   _____

   _____

   _____

격려와 기도

종말의 관점으로 오늘 각자의 일터와 일에서 경험하는 어려움과 현실적으로 변화되어야 할 점을 나누고 서로를 격려하고 기도하시기 바랍니다.

제6장 하나님의 영광을 위해 일하라

> **핵심 포인트**
>
> 하나님은 우리가 하는 일을 통해 세상에 하나님의 영광을 드러내신다.
>
> 우리는 거룩하신 하나님의 성품인 사랑으로 일하며 하나님의 영광을 드러낸다.
>
> 우리는 일에서 하나님의 영광을 분별하는 노력을 해야 한다.

개념 이해 우리는 어떻게 하나님의 영광을 위해 일하는가?

일터에서 하나님의 영광을?

모든 그리스도인은 하나님의 영광을 위해 살도록 부르심을 받았습니다. "그런즉 너희가 먹든지 마시든지 무엇을 하든지 다 하나님의 영광을 위하여 하라"(고린도전서 10:31). 교회는 사람의 존재 목적이 하나님의 영광을 드러내는 것이라고 고백합니다. 하지만 적지 않은 그리스도인들이 '하나님의 영광'이라는 말에서 부담을 느낍니다. 내 삶이 하나님의 영광에 모자란다는 자책감 때문인 듯합니다. 더군다나 하나님의 영광과 멀어 보이는 일터에서도 하나님의 영광을 위해 일해야 한다면 부담감은 배가 될 것입니다.

그러나 하나님의 영광은 부담스러운 요구가 아닙니다. 오히려 우리가 가장 인간다울 수 있는 길이고 기쁨입니다. 하나님이 이 세상을 창조하시고 우리를 구원하신 것도 하나님의 영광을 위해서입니다. 하나님은 항상 하나님 자신의 영광을 위해 일하십니다. 하나님은 우리가 일터에서 하나님의 영광을 드러내는 일에 동참하기를 바라십니다. 우리는 일터에서 하나님의 영광을 위해 일하라는 소명을 받았습니다.

하나님의 영광이란?

하나님의 영광이 무엇인지 정확하게 정의하기는 쉽지 않지만, 교회는 오랫동안 우리 눈에 보이지 않는 하나님의 거룩하고 아름다운 성품과 본성이 세상에는 하나님의 영광으로 보인다고 고백했습니다. 천국 보좌에 계신 하나님의 거룩함은 온 땅에 하나님의 충만한 영광으로 비추었습니다(이사야 6:3). 창조의 첫째 날 어두운 세상에 하나님이 빛을 비추셨을 때 온 땅이 하나님의 영광스러운 빛으로 충만해진 것처럼, 타락한 세상에 하나님의 선하고 인자하고 자비롭고 정의롭고 공의롭고 신실하신 성품이 드러날 때 우리는 하나님의 영광을 바라봅니다.

그리스도는 하나님의 탁월하고 아름답고 거룩하신 성품과 능력을 세상에 드러내신 하나님의 영광의 광채이십니다(히브리서 1:3). 우리는 그리스도 안에서 하나님의 성품을 닮은 새 사람이 되어 성령의 능력으로 살아갈 때 어둠의 세상에 하나님의 영광을 비추게 됩니다. 하나님은 위대한 자연을 통해서도 하나님의 영광을 온 세상에 비추기도 하시지만 거듭난 그리스도인들을 통해 자신의 영광을 세상에 드러내십니다. 하나님의 성품을 닮은 그리스도인들이 가는 곳에는 어디든지 하나님의 영광이 빛납니다.

사랑, 하나님의 영광의 광채

하나님의 영광을 가장 잘 드러내는 하나님의 성품과 능력은 무엇일까요? 사랑입니다. 타락한 자연인에게서 발견할 수 없는 하나님의 사랑은 죄로 어두운 곳에서 밝게 빛납니다. 하나님은 사랑의 하나님이십니다(요한일서 4:8, 16). 하나님의 사랑에서 우리는 하나님의 거룩함을 깊이 느낍니다. 그리스도는 죄인들을 구원하기 위해 십자가에서 자기 목숨을 바치신 그 사랑으로 하나님을 영광스럽게 했습니다(요한복음 17:4). 그리스도께서 십자가에서 보여주신 사랑은 정의롭고 공의롭고 자비롭습니다. 정의는 누구도 억울하지 않게 하는 사랑이고, 공의는 정의롭게 살아갈 수 있도록 기다려주는 사랑이고, 자비는 최소한의 삶을 유지할 수 있도록 도와주는 사랑입니다. 이런 사랑은 자기 유익만을 추구하는 세상에서 타인의 유익을 위해 섬기는 사랑입니다. 이 사랑이 있는 곳에 하나님의 영광이 해처럼 밝게 빛납니다. 그리스도가 보여주신 사랑으로 살며 일할 때 우리는 하나님의 영광을 드러냅니다.

어떻게 하나님의 영광을 드러내는 일을 할 수 있는가?

하나님의 영광을 드러내는 일은 예배나 전도와 같은 종교적 영역에만 있는 것이 아닙니다. 평범한 일터에서도, 전쟁터와 같은 곳에서도 얼마든지 하나님의 영광은 드러날 수 있습니다. 하나님의 영광의 광채이신 그리스도의 사랑으로 일한다면 우리는 등경 위에 놓인 촛불처럼 어두운 곳에 하나님의 영광의 빛을 밝히게 됩니다. 하나님의 영광은 특별한 상황에서 극적으로 나타날 때도 있지만 일상에서는 잔잔하고 은은하고 지속적으로 나타납니다.

사실 우리가 하는 모든 합법적인 일에는 하나님의 사랑이 이미 담겨 있습니다. 세상 사람들은 자신이 하는 일을 통해 다른 사람들의 필요를 채워주는 '일상의 사랑'을 하고 있습니다. 음식점, 카페, 회사, 관청, 병원 등 우리 주변의 다양한 일터에서 사람들은 다른 사람들의 필요를 직간접적으로 채워주며 삶이 번영하도록 도와줍니다. 하나님은 각자 주어진 재능으로 자신의 일터에서 '일상의 사랑'으로 일하는 사람들을 통해 자신의 영광을 드러내십니다. 이 사랑은 창조 세계를 사랑하는 하나님의 성품에서 나왔습니다.

일터에서 '일상적인 사랑'을 실천할 때, 우리는 하나님의 영광을 주변 사람들에게 드러냅니다. 그러나 어떤 사람들은 월급이나 권력, 명예, 지위를 먼저 구하는 욕망 때문에 하나님의 영광을 가로막습니다. 우리는 사랑의 관점에서 일의 본질을 이해하고 더욱 적극적으로 사랑을 실천하려고 노력할 때 생존경쟁이 치열한 일터에서 하나님의 영광을 더 밝게 드러낼 수 있습니다.

결론

그리스도인은 일터에서 하나님의 영광을 모르는 사람들이 만들어내는 갈등을 피할 수 없습니다. 이러한 일터에서 하나님의 영광을 의식하지 않는다면 소명으로 일하기 어렵습니다. 그리스도인은 예수님이 보여주신 사랑의 정신으로 일할 때 하나님의 영광을 드러냅니다. 하나님은 이 일을 위해 우리를 일터로 보내시고 하나님의 영광을 분별하고 실천할 수 있는 지혜와 능력을 주십니다. 일을 하나님의 사랑과 영광의 관점에서 바라보면 오늘 내가 일터에서 만나는 사람과 해야 할 일이 달리 보입니다.

성경 연구 하나님의 영광을 드러내는 일

1. 요한복음 15:5~12

⁵ 나는 포도나무요 너희는 가지라 그가 내 안에, 내가 그 안에 거하면 사람이 열매를 많이 맺나니 나를 떠나서는 너희가 아무것도 할 수 없음이라 ⁶ 사람이 내 안에 거하지 아니하면 가지처럼 밖에 버려져 마르나니 사람들이 그것을 모아다가 불에 던져 사르느니라 ⁷ 너희가 내 안에 거하고 내 말이 너희 안에 거하면 무엇이든지 원하는 대로 구하라 그리하면 이루리라 ⁸ 너희가 열매를 많이 맺으면 내 아버지께서 영광을 받으실 것이요 너희는 내 제자가 되리라 ⁹ 아버지께서 나를 사랑하신 것 같이 나도 너희를 사랑하였으니 나의 사랑 안에 거하라 ¹⁰ 내가 아버지의 계명을 지켜 그의 사랑 안에 거하는 것 같이 너희도 내 계명을 지키면 내 사랑 안에 거하리라 ¹¹ 내가 이것을 너희에게 이름은 내 기쁨이 너희 안에 있어 너희 기쁨을 충만하게 하려 함이라 ¹² 내 계명은 곧 내가 너희를 사랑한 것 같이 너희도 서로 사랑하라 하는 이것이니라

1. 우리가 하나님께 영광을 돌리기 (혹은 드러내기) 위해 해야 할 일은 무엇일까요? (8절, cf. 갈라디아서 5:22-23)

_____

_____

_____

_____

2. 열매를 많이 맺으려면 그리스도 안에 거해야 합니다. 우리가 그리스도 안에서 열매를 맺으려면 무엇이 필요한가요? (5-7절)

3. 하나님께 영광을 돌리는 열매는 어떤 모습으로 밖에 드러나나요? (9-10절)

4. 예수님은 우리에게 어떤 사랑을 요구하시나요? 우리가 예수님처럼 사랑하면 우리에게 어떤 유익이 있나요? (11-12절)

2. 고린도전서 10:23~33

²³ 모든 것이 가하나 모든 것이 유익한 것은 아니요 모든 것이 가하나 모든 것이 덕을 세우는 것은 아니니 ²⁴ 누구든지 자기의 유익을 구하지 말고 남의 유익을 구하라 ²⁵ 무릇 시장에서 파는 것은 양심을 위하여 묻지 말고 먹으라 ²⁶ 이는 땅과 거기 충만한 것이 주의 것임이라 ²⁷ 불신자 중 누가 너희를 청할 때에 너희가 가고자 하거든 너희 앞에 차려 놓은 것은 무엇이든지 양심을 위하여 묻지 말고 먹으라 ²⁸ 누가 너희에게 이것이 제물이라 말하거든 알게 한 자와 그 양심을 위하여 먹지 말라 ²⁹ 내가 말한 양심은 너희의 것이 아니요 남의 것이니 어찌하여 내 자유가 남의 양심으로 말미암아 판단을 받으리요 ³⁰ 만일 내가 감사함으로 참여하면 어찌하여 내가 감사하는 것에 대하여 비방을 받으리요 ³¹ 그런즉 너희가 먹든지 마시든지 무엇을 하든지 다 하나님의 영광을 위하여 하라 ³² 유대인에게나 헬라인에게나 하나님의 교회에나 거치는 자가 되지 말고 ³³ 나와 같이 모든 일에 모든 사람을 기쁘게 하여 자신의 유익을 구하지 아니하고 많은 사람의 유익을 구하여 그들로 구원을 받게 하라

1. 고린도교회에서 우상에게 제물로 드렸던 고기를 시장에서 사먹어도 되는지의 문제로 논란이 일었습니다. 유대인들은 율법으로 이를 엄격하게 금지했지만 율법 준수가 아닌 믿음으로 구원받은 그리스도인들은 이 율법을 무시해도 되는지 혼란스러웠습니다. 사도 바울은 이 문제에 대해 처음에 어떻게 말했나요? 그 이유는 무엇인가요? (25-26절)

2. 불신자 친구가 초청한 식사 자리에서 그 음식이 제물로 바쳐졌던 고기라고 알려준다면 그 고기는 먹지 말라고 바울은 말했습니다. 바울의 입장이 바뀐 것 같아 보이는데 왜 이렇게 말했을까요? (27-29절)

3. 바울은 고기를 먹어도 되지만 때로는 먹지 않아야 한다고 하면서 그 판단의 기준은 하나님의 영광이라고 말했습니다. 하나님의 영광을 드러내는 기준으로 바울은 무엇을 들고 있나요? (24, 31-33절)

4. 사도 바울은 '고기' 문제로 이웃을 배려하기 위해 자신의 유익을 절제하는 것이 하나님의 영광을 드러내는 사랑이라고 말했습니다. 지금 내 일터에서 적용해야 할 '고기'의 문제가 있다면 무엇인가요? 어떻게 함께 일하는 동료들을 배려할 수 있을까요?

성찰과 적용 토론을 위한 질문

1. 하나님의 영광을 드러내는 하나님의 사랑은 정의, 공의, 자비와 같은 다양한 방식으로 드러납니다. 일터에서 하나님의 영광을 드러내기 위해 나는 어떤 모습을 더 발전시켜야 할까요?

2. 그리스도인이 소명의식으로 일을 하려면 기술적 역량, 윤리적 역량, 인간관계 역량과 같은 여러 가지 능력이 필요합니다. 일터에서 하나님의 영광을 드러내기 위해 지금 나에게 가장 필요한 것은 무엇일까요?

3. 일을 하면서, 인간관계에서, 돈을 대하는 방식에서 하나님의 영광을 드러내기 위해 나는 이웃들을 어떻게 배려해야 할까요?

정리하기

1. 오늘 공부한 내용의 주제 혹은 깨달음을 1~2문장으로 정리해 보세요.

2. 반드시 기억하고 간직하며 실천하고 싶은 점을 적어 보세요.

격려와 기도

    소그룹 멤버들이 그동안 배웠던 내용을 함께 정리하고 실제적으로 어떤 도움을 받았는지 서로 나누고 서로를 위해 기도하고 마무리하시기 바랍니다.

인도자 가이드

제1장 일은 생계 수단이자 소명이다

개념이해   일은 왜 소명인가? (20분)

- 제1장의 핵심 주제는 이것입니다. "우리가 매일 일터에서 하는 일은 생계 수단의 차원을 넘어 나와 다른 사람들의 삶을 번영케 하라는 하나님의 소명이다."
- 개념 이해를 돕기 위해 『일터신앙』(이효재) 제1장을 참조하시기 바랍니다.

성경 연구   하나님이 일하라는 소명을 주셨다 (30분)

1. 창세기 1:26~31

1. 하나님은 사람을 하나님의 형상으로 창조하셨다. 하나님의 형상은 하나님의 성품을 닮은 피조물로서 하나님의 지상 대리인 역할, 즉 청지기의 일을 하도록 창조되었다. 하나님의 형상인 사람은 하나님이 명령하고 원하시는 일을 분별하고 순종함으로써 하나님이 기뻐하시는 일을 한다. 하나님은 사람을 통해서 세상의 창조가 완성되는

그날까지 일하신다.

2. 생육하고 번성하여 땅에 충만하라. 땅을 정복하라. 바다의 물고기와 하늘의 새와 땅에 움직이는 모든 생물을 다스리라. 이 말씀은 하나님의 창조 세계를 생명으로 충만하게 하라는 뜻이다. 사람은 생명의 번영을 위해 다스리라는 명령을 받았다. 지배하고 이용하고 착취하라는 뜻이 아니라 하나님이 창조하신 피조물들이 번영하도록 돌보고 보호하고 돕는 일을 하라는 뜻이다.

3. 하나님은 사람들에게 자신의 권력으로 원하는 대로 아랫사람들 혹은 동물이나 자연을 이용하라는 의미에서 다스리라고 명령하지 않으셨다. 다스림의 결과는 하나님께서 모든 동물에게 명령하시고 약속하신 "생육하고 번성하라"는 복을 성취하는 것이어야 한다. 사람은 하나님의 피조물들을 다스림으로써 함께 생육하고 번성하며 번영하는 세상을 만들기 위해 일하라는 소명을 받았다. 하나님이 사람을 창조할 때에는 아직 타락하기 전이라는 점에서 창조의 다스림과 타락의 다스림은 다르다.

4. 하나님은 씨 맺는 채소와 나무의 열매를 사람에게 주시고, 육지 동물들에게는 푸른 풀을 주셨다. 모든 피조물은 하나님이 각각에게 주시는 식량을 먹으며 생존하도록 창조되었다. 모든 피조물은 생존을 위해 경쟁하는 존재가 아니라 하나님이 주신 것을 각자 먹으며 공존한다. 나의 생존과 타인의 생존은 배타적이지 않고 공존 관계에 있

다. 우리는 생존하기 위해 일하면서 다른 존재들과 평화롭게 공존하며 서로의 번영을 꾀해야 한다. 하나님은 모든 존재를 축복하셨다. 우리 일은 하나님의 축복을 실현하는 것이어야 한다.

2. 창세기 2:15~17

1. 에덴동산을 경작하고 지키라.

2. '경작하다'라는 히브리 단어 '아바드'는 일하다, 섬기다, 밭을 갈다 등의 의미를 가지고 있다. 이 단어는 주로 생계유지를 위해 몸으로 하는 노동에 자주 사용된다. 경작하라는 명령은 지속적으로 생존하기 위해 일하라는 뜻이다. 열매를 먹는 행위는 일해서 얻은 식량을 먹는 것을 말하며, 생존을 위해 꼭 필요한 행위이다. 이 말씀은 생명을 유지하기 위해 일하라는 하나님의 소명의 다른 표현이다.

3. '지키라'는 히브리 단어 '샤마르'는 보호하다, 방어하다라는 뜻을 가지고 있다. 에덴동산 중앙에 있는 선악과를 따먹지 말라는 뜻이다. 선악과는 에덴동산을 죄로 물들이는 죄의 유혹을 상징한다. 하나님은 아담의 생계유지 현장인 에덴동산이라는 일터를 악의 침범으로부터 지키라고 명령하셨다. 우리도 일터에서 불의하게 자신의 생존만을 지키려다 죄를 짓지 말라는 뜻이다.

4. 제사장은 자신이 아니라 하나님과 백성을 위해 중간자적 역할을 한다. 제사장은 먼저 하나님을 위하여 일한다. 제사장은 하나님의 명

령을 받들어 하나님을 예배하도록 백성을 지도하고 대리한다. 제사장은 또한 사람을 위하여 일한다. 제사장은 백성을 위해 제사를 드리고 하나님의 말씀을 가르친다. 우리는 일터에서 제사장으로서 하나님의 소명에 따라 나와 다른 사람들의 생존과 공존을 위해 일하고 하나님을 기쁘시게 한다.

성찰과 적용 토론을 위한 질문 (20분)

1. 하나님이 나에게 주신 일의 소명은 가장 우선적으로 나와 내 가족의 생계를 유지하는 것이다. 나의 노동을 통해 나와 가족들의 생명을 책임지는 것은 하나님이 주신 첫 번째 소명이다. 그러나 이 소명을 위해 타인의 생명을 해롭게 하는 행위는 '다스리라'는 하나님의 명령에 어긋난다. 그러므로 나의 생계를 위한 일이 타인의 생계에도 도움이 되어야 하나님의 소명을 따르는 것이다.

2. 각자가 종사하고 있는 직업이 나와 다른 사람, 다른 피조물들의 삶에 어떤 긍정적인 영향을 미칠 수 있는지 의견을 나눈다.

3. 사람들은 생계의 두려움을 가지고 있다. 일터가 항상 안정적이지 않기 때문에 경제 환경 악화 혹은 실적 부진 등의 이유로 실직의 두려움이 있다. 그러나 우리에게 일을 소명으로 주신 하나님께서 나와 가족들의 생계를 책임져 주신다는 믿음을 가져야 한다.

4. 내가 단순히 먹고살려면 싫어도 어쩔 수 없이 일해야 한다는 생각에서 벗어나 넓은 관점에서 일의 의미를 발견할 수 있다. 하나님께서 내 일에 깊은 관심을 가지고 계신다는 사실을 깨닫고 확신을 가지고 일할 수 있다. 하나님의 소명에 부합하도록 일할 수 있도록 동기부여를 받을 수 있다. 어려움에 처할 때 하나님의 뜻을 묻고 도움을 구할 수 있다.

정리하기 (10분)

- 1번과 2번 질문을 따로 정리하도록 하되 하나로 정리할 수도 있습니다.
- 자신이 정리한 짧은 문장 혹은 단어를 한 주일 동안 기억하면서 일하도록 격려합니다.

격려와 기도 (10분)

- 성경공부를 한 주에 한 장 진행할 경우 시간이 모자라 서로 일터에서 겪는 어려움을 나누고 함께 기도하는 시간을 생략하거나 형식적으로 진행하기 쉽습니다. 이 점을 감안해서 미리 시간 배분에 신경을 써서 진행해 주시기 바랍니다.
- 〈성찰과 적용: 토론을 위한 질문〉에서 현실적인 일터 어려움을 어느 정도 나누었다면 이 부분은 간단히 진행하고 마무리해도 좋습니다.

제2장 그리스도인의 일터 현실

개념 이해   우리 일터는 왜 이렇게 힘들까? (20분)

- 제2장의 핵심 주제는 이것입니다. "그리스도인들의 일터 현실은 인간의 뿌리 깊은 죄로 인해 힘든 곳이기에 하나님의 소명으로 일하는 관점과 자세가 더욱 필요하다."
- 개념 이해를 돕기 위해 『일과 영성』(팀 켈러) 파트 2를 참조하시기 바랍니다.

성경 연구   일의 소명과 힘든 일터 (30분)

1. 창세기 3:17~24

1. 아담의 타락으로 인간은 여성이 임신하고 출산하는 통증처럼 힘든 수고를 해야 먹을 수 있게 되었다. 얼굴에 땀을 흘리며 수고하는 노동이 생존에 필수가 되었다. 그러나 아무리 열심히 일해도 결국 흙으로 돌아가는 허무한 죽음의 현실을 막지 못한다. 노동은 일시적으로만 생명을 보장해 줄 뿐 타락의 운명을 바꾸지는 못한다.

2. 하나님은 원래 창세기 1:11, 12, 29, 30에서 땅에게 명령하여 사람이 먹고살 수 있는 식량을 내게 하셨다. 땅은 하나님의 뜻에 순종해 사람의 생명 번성에 협력하고 풍성한 식량을 생산했다. 그러나 아담의 타락으로 하나님은 땅을 저주하셨다. 땅이 무슨 죄를 지었다는 뜻이 아니라 생명의 열매를 내는 땅이 엉겅퀴와 가시덤불을 내어 아담의 노동을 힘들게 만들었다는 뜻이다. 땅과 인간의 관계는 더 이상 평화로운 협력적 관계가 아니라 저주하는 관계로 변질되었다. 땅은 우리의 일터를 상징한다. 하나님의 뜻대로 서로 사랑하지 않고 오히려 경쟁하고 죄를 짓는 일터에서는 절망과 혼란과 고통이 끊이지 않게 되었다. 인간은 스스로 하나님처럼 땅을 마음대로 사용하려고 하지만, 하나님은 땅을 저주함으로써 땅이 인간의 타락한 행동에 저항하게 하셨다. 일터에서 고통을 느끼는 것은 인간들의 타락한 마음과 행동으로부터 일터를 구원하는 하나님의 뜻이다.

3. 타락한 세상에서도 하나님은 생명의 번성을 결코 포기하지 않으신다. 타락한 인간들이 스스로 하나님의 세상을 저주받은 곳으로 만들었지만 하나님은 그들을 보호하신다. 가죽옷은 동물을 희생시켜 가죽을 벗겨 만든 옷으로 그들의 생명을 보호하시는 하나님의 사랑의 상징이다. 세상은 타락으로 고통스러워졌지만 하나님은 세상을 구원하신다. 우리의 일터도 마찬가지다.

4. 하나님은 에덴동산에서 쫓겨난 아담에게 계속 땅을 갈게 하셨다. 창세기 2:15에서 처음으로 그에게 주신 일의 소명을 다시 주셨다. 비

록 타락해서 저주를 받았지만 일해서 생계를 유지하고 번성하라는 일의 소명은 취소되지 않았다. 마찬가지로 우리의 타락한 일터에서도 하나님이 최초에 주신 일의 소명은 변함없이 유지되고 있다. 하나님은 비록 우리가 죄를 지어도 우리가 살 수 있는 길을 항상 열어 주신다. 그러므로 우리는 타락한 일터 현실에서 하나님이 주신 소명에 따라 일해야 한다.

2. 출애굽기 5:3~8

1. 여호와 하나님은 이스라엘에게 제사를 드릴 것을 요구하셨다. 즉, 일을 중단하고 하나님을 예배하기를 원하셨다. 그러나 바로는 하나님께 예배를 드리지 못하도록 오히려 쉼을 박탈하고 일을 가중시켰다. 이처럼 하나님과 세상의 왕은 백성에게 원하는 것이 달랐다. 바로 왕은 끊임없이 일을 시키고, 하나님은 예배를 원하셨다.

2. 동일한 노동 시간에 벽돌을 구울 짚을 공급하지 않고 스스로 주워서 굽되 생산량을 줄이지 못하도록 명령했다. 바로는 백성이 제사를 핑계로 일하지 않고 게으름을 피운다고 비난하고 매질을 했다. 이러한 명령과 대우는 이스라엘 백성에게서 인간 존엄성을 빼앗는 것이었다. 더 많은 시간 일을 시키고 최소한의 쉴 시간을 빼앗고 징벌함으로써 이스라엘 백성의 존엄성을 훼손했다. 현대적 관점에서 보면, 불법 이주 노동자들에게 인간적 배려와 존중 없이 무리한 잔업을 배당하거나 과도한 노동을 시키면서 보상은 제대로 하지 않는 악덕 기업주의 횡포와 비슷하다고 할 수 있다.

3. 하나님께 제사를 드리는 것은 하나님을 예배하는 것이다. 하나님을 예배하려면 일에서 쉬는 시간이 필요하다. 모세와 아론은 이스라엘을 쉼 없이 일하는 노예로 취급하는 바로에게 저항했다. 하나님은 바로와 정반대로 백성에게 쉼을 주시는 구원의 하나님이시다. 하나님은 바로의 지배 아래 노예로 일하는 백성을 구원하여 존엄한 하나님의 형상으로 쉬면서 일하도록 하셨다. 하나님은 모든 사람이 쉬면서 일할 수 있는 존엄한 권리를 부여하셨다.

4. 인간으로서 누려야 하는 최소한의 권리마저 빼앗긴 현실에 대한 한탄과 애굽 사람들에 대한 분노로 마음이 고통스러웠을 것이다. 그러나 내가 할 수 있는 일이 없어서 마음껏 쉼을 누리는 그날을 꿈꾸며 하나님께 해방을 기도하며 견디었을 것 같다. 혹은 뜻을 같이하는 사람들과 함께 죽음을 각오하고 저항하고 소리라도 외치고 싶었을 것 같다.

성찰과 적용 토론을 위한 질문 (20분)

1. 각자 자신의 경험을 나누며 우리의 일터가 가지고 있는 일반적인 분위기와 문제점에 대해 공감하는 분위기를 만들어준다.

2. 이런 부정적인 경험과 감정은 타락한 인간의 본성에서 나오는 것이기 때문에 어쩔 수 없다. 자신의 넘을 수 없는 한계를 느껴야 일터의

구원을 갈망하고 기도할 수 있다. 퇴사하고 싶은 충동을 느끼지 않는 직장인은 없다. 그러나 퇴사의 충동을 소명의식으로 통제하고 하나님의 뜻을 먼저 생각하는 시간을 갖는 것이 중요하다.

3. 그리스도인은 타락한 현실을 반영하는 일터에서 일해야 하는 직장인과 소명으로 일하도록 부름 받은 신앙인이라는 정체성을 동시에 가지고 있다. 소명의식은 현실을 비판적으로 바라보는 관점을 제공한다. 그리스도인에게 현실은 결코 운명의 굴레가 아니라 구원의 대상이다. 그리스도인은 일터에서 아주 작은 것부터 잘못된 관행과 문화를 고쳐나갈 수 있는 지혜와 용기를 가져야 의미 있고 행복하게 일할 수 있다.

정리하기 (10분)

- 1번과 2번 질문을 따로 정리하도록 하되 하나로 정리할 수도 있습니다.
- 자신이 정리한 짧은 문장 혹은 단어를 한 주일 동안 기억하면서 일하도록 격려합니다.

격려와 기도 (10분)

- 성경공부를 한 주에 한 장 진행할 경우 시간이 모자라 서로 일터에서

겪는 어려움을 나누고 함께 기도하는 시간을 생략하거나 형식적으로 진행하기 쉽습니다. 이 점을 감안해서 미리 시간 배분에 신경을 써서 진행해 주시기 바랍니다.

- 〈성찰과 적용: 토론을 위한 질문〉에서 현실적인 일터 어려움을 어느 정도 나누었다면 이 부분은 간단히 진행하고 마무리해도 좋습니다.

제3장 "번영하라"는 하나님의 소명

개념 이해   나와 세상의 번영을 위해 일하라 (20분)

- 제3장의 핵심 주제는 이것입니다. "그리스도인들은 어떤 상황에서라도 하나님의 제사장으로서 나와 다른 사람들의 번영하는 삶을 위해 일하라는 하나님의 부르심을 받았다."
- 개념 이해를 돕기 위해 『인간의 번영』(미로슬라브 볼프) 서문을 참조하시기 바랍니다.

성경 연구   "번영하라"는 일터 소명 (30분)

1. 예레미야 29:1~14

1. 그들은 우상숭배와 불의한 삶으로 하나님의 심판을 받아 바벨론에게 멸망당하고 바벨론에 포로로 사로잡혀가 유배상태에 있었다. 편안하고 익숙한 고향을 떠나 낯선 이방 땅에서 모든 것이 생소하고 세상 사람들의 비난과 조롱을 받고 있었다. 그들은 극심한 패배감과 상실감에 사로잡혀 있었을 것이다. 종교적으로 이방신들에 둘러싸

여 있었다. 하나님의 율법을 중심으로 형성된 문화에서 살아왔던 유대인들이 전혀 다른 이방 문화 속에서 생존해야 했다. 그들은 자신의 정체성을 심각하게 위협받고 있는 상황에 처해 있었다.

2. 마치 유배지 바벨론에 정착할 것처럼 그곳에 집을 짓고 살며 농사를 지어 먹고살라고 하셨다. 또 결혼을 해서 자녀를 낳아 민족이 번성하여 사라지지 않도록 하라고 명령하셨다. 이 명령은 절망적인 상황에서도 열심히 일해서 먹고살면서 자녀들과 함께 왕성하게 번영하라는 하나님의 뜻이다. 비록 잠시 머물다 떠날 곳이지만 그곳에서도 생명의 번성과 번영을 누리라는 창조명령이다. 또한 이 명령에는 유대인들이 구원의 약속을 믿고 유배지에서 생명의 번영을 누리게 하시는 하나님의 은혜 안에서 예루살렘으로 돌아갈 구원의 날을 소망하라는 하나님의 마음이 담겨 있다.

3. 하나님은 바벨론 성읍의 평안을 구하라고 하셨다. 하나님이 아니라 이방신 마르둑을 섬기는 바벨론의 평화를 위해 기도하라고 하셨다. 유배지 포로로 가 있는 유대인들이 평안하기 위해서는 유배지가 평안해야 하기 때문이다. 또한 세상에 있는 모든 사람이 하나님의 것이기에 하나님은 세상 모든 사람의 평안을 원하신다. 모든 사람은 전쟁이 아니라 평안을 원한다. 평안은 우리의 미래이고 희망이다. 우리는 세상의 평안을 위해 기도하고 평안한 세상을 만들기 위해 일해야 한다. 우리의 모든 일은 세상의 평안을 도모해야 한다. 일터에서 평안이 깨지지 않도록 기도하고 일해야 한다.

4. 전심을 다해 하나님께 부르짖고 기도하면 기도를 들어주시고 만나주시겠다고 약속하셨다. 유배지 유대인들에게 번영하라는 소명을 주신 하나님이 그들을 한순간도 떠나지 않고 그들과 함께하시겠다는 약속이다. 하나님은 그들의 죄악 때문에 유배지로 끌려간 유대인들을 버리지 않으시고 그들의 구원을 약속하셨다. 하나님은 유배지처럼 힘들고 척박한 일터에서도 나와 타인이 번영하는 삶을 위해 우리와 함께 계시고 기도를 들어주시고 도와주신다. 아무리 힘든 일터라 해도 그곳에 하나님이 계신다는 믿음을 가지면 하나님이 주시는 지혜와 능력으로 하나님의 나라를 위해 탁월하게 일할 수 있다.

5. 유대인들의 상황은 현재의 우리 일터 환경과 비교할 수 없을 정도로 열악하고 고통스러웠을 것이다. 그러나 우리의 일터도 하나님이 주신 소명을 실천하려면 어려운 곳이다. 그리스도인의 가치관과 세계관이 잘 적용되지 않는 곳이다. 그럼에도 불구하고 유대인들에게 주신 번영하라는 소명은 우리 일터에도 동일하게 적용할 수 있다. 우리는 신앙적이지 않은 가치와 목표를 추구하는 일터에서도 서로의 번영을 위해 일해야 한다. 하나님이 세상 모든 사람의 번영을 원하시기 때문이다. 또한 유대인들이 바벨론의 평안을 위해 기도하고 일했던 것처럼, 우리도 일터의 평안을 위해 기도하고 일하기를 하나님은 바라신다.

성찰과 적용 토론을 위한 질문 (20분)

1. 동료는 일터에서 경쟁하는 관계이면서도 동시에 함께 성장해야 하는 관계이다. 동료 없이 나 혼자 일할 수 없다. 직장은 모든 동료가 하나의 목표를 향해 함께 지혜와 능력을 모아 일할 때 성장한다. 모든 일터는 하나님께서 우리의 번영하는 삶을 위해 허락하신 삶의 터전이다. 우리는 하나님이 택하신 왕 같은 제사장으로서 하나님의 마음으로 동료를 긍휼한 마음과 자세로 대해야 한다. 경쟁도 함께 성장하기 위한 수단으로 이용해야 한다. 상대를 무너뜨리기 위한 경쟁의 유혹을 경계해야 한다. 제사장은 자신을 위해 존재하지 않고 하나님과 세상의 중재자 역할에 만족해야 한다.

2. 일터에서 나의 성장을 위해 꾸준히 노력한다. 하나님은 내가 성장할 수 있도록 도와주신다. 또한 나는 나의 성장을 통해 동료들이 성장할 수 있도록 배려한다. 나의 영향을 받는 동료들이 발전할 수 있도록 선한 영향력을 행사하는 섬김의 리더십이 필요하다. 갈등하는 일터를 평화로운 곳으로 변화시키는 사람은 동료를 섬기는 사람이다. 또한 나와 동료들의 성장을 방해하는 구조적 제도적 문제점들을 개선하고 대안을 제시할 수 있는 지혜와 용기를 키워야 한다. 특히 불법과 탈법의 경계선을 넘나드는 불의한 지시와 업무를 거부하고 당장의 불이익에도 불구하고 진실에 근거한 입장을 고수해야 한다.

3. 일터는 바쁘고 치열하고 힘든 곳이다. 나의 생존과 번영만으로도 벅찬 하루를 보내야 할 때가 적지 않다. 무엇보다 하나님이 주신 소명을 잃지 않으려면 하나님을 의식하고 하나님의 도움을 구하는 경건

의 훈련이 필요하다. 구체적인 일터 현실에서 하나님의 지혜와 능력을 구하고 성령의 인도하심을 따르는 습관이 몸에 배어야 한다. 쉽지는 않지만 하나님의 소명은 동시에 약속이라는 믿음으로 구체적 사안들에 대해 하나님의 뜻을 구하고 순종하는 영적 훈련을 반복해야 한다. 그럴 때 우리의 선한 영향력이 나와 모두에게 번영하는 삶이라는 열매를 맺게 한다.

정리하기 (10분)

- 1번과 2번 질문을 따로 정리하도록 하되 하나로 정리할 수도 있습니다.
- 자신이 정리한 짧은 문장 혹은 단어를 한 주일 동안 기억하면서 일하도록 격려합니다.

격려와 기도 (10분)

- 성경공부를 한 주에 한 장 진행할 경우 시간이 모자라 서로 일터에서 겪는 어려움을 나누고 함께 기도하는 시간을 생략하거나 형식적으로 진행하기 쉽습니다. 이 점을 감안해서 미리 시간 배분에 신경을 써서 진행해 주시기 바랍니다.
- 〈성찰과 적용: 토론을 위한 질문〉에서 현실적인 일터 어려움을 어느 정도 나누었다면 이 부분은 간단히 진행하고 마무리해도 좋습니다.

제4장 일터에서 성령과 함께 일하기

개념 이해   일과 성령 (20분)

- 제4장의 핵심 주제는 이것입니다. "그리스도인이 힘든 일터에서 소명으로 일하려면 우리에게 특정한 은사(재능, 달란트)를 주시고 우리의 성품을 변화시키는 성령에 의지해야 한다."
- 개념 이해를 돕기 위해 『일과 성령』(미로슬라브 볼프) 제4, 5장을 참조하시기 바랍니다.

성경 연구   성령과 함께 일하기 (30분)

1. 고린도전서 2:6~14

1. 하나님께서 사람의 눈으로 보지 못하고 귀로 듣지 못하고 사람의 마음으로 생각하지도 못하게 하셨기 때문이다. 하나님은 하나님을 사랑하는 자들에게는 이 지혜를 깨닫게 해 주시나 하나님을 사랑하지 않는 사람에게는 닫으신다. 이들은 알려주어도 깨닫지 못한다. 십자가의 진리는 하나님을 사랑하는 마음이 있어야 알 수 있다.

2. 세상의 영이 아니라 하나님의 영을 받아야 한다. 하나님의 영이신 성령께서 주시는 말씀을 들을 수 있을 때 우리는 비로소 하나님의 일과 하나님의 깊은 마음을 알 수 있다. 성령이 우리의 영적 안목을 열어주실 때 우리는 하나님의 일과 마음을 안다.

3. 성령의 일들을 알지 못하고, 안다고 하여도 믿고 따르지 않는다. 하나님께서 우리에게 주신 은혜, 곧 십자가의 구원을 어리석은 것으로 본다. 십자가로 형성되는 하나님의 성품을 닮아갈 수 없다. 영적 분별력이 없기 때문이다. 일터에서도 하나님의 은혜를 구하지 못하고 자신의 불안과 욕망을 해소하기 위해 안간힘을 쓰지만 결코 만족을 누리지 못한다.

2. 갈라디아서 5:16~26

1. 성령을 따르지 않으면 육체의 욕망에 매달리게 된다. 성령은 육체의 욕심 혹은 육체의 소욕과 대립적이다. 육체의 소욕은 성령을 따르지 않고, 성령은 육체를 따르지 않는다. 성령은 육신이 욕망하는 즐거움을 따르기보다는 하나님을 믿음으로 순종하는 삶을 살도록 우리를 이끌어 가신다. 육체의 소욕을 따르면 삶이 파국에 이르러도 깨닫지 못한다. 성령을 따르지 않으면 일터에서 하나님이 주신 소명을 깨닫지도 못하고 실천하지도 못한다.

2. 육체의 소욕을 따르는 사람들은 음행, 더러운 것, 호색, 우상 숭배, 주술, 원수 맺는 것, 분쟁, 시기, 분냄, 당 짓는 것, 분열, 이단, 투기,

술 취함, 방탕에 쉽게 노출된다. 여기에 불법과 불의를 추가할 수 있다. 주변 사람들에게 짜증스럽고 부끄럽고 불안한 모습을 보인다. 타인에 대한 배려가 부족하고 자신의 안위를 우선시한다. 이런 사람들 때문에 일터가 힘들어진다.

3. 성령의 열매는 사랑, 희락, 화평, 오래 참음, 자비, 양선, 충성, 온유, 절제 등이다. 성령의 열매는 하나님의 성품이다. 하나님으로부터 나오는 신적인 성품이다. 이 성품은 우리를 위해 자신의 권리를 유보하고 절제함으로써 우리가 구원받고 성장하기 바라는 하나님의 사랑을 표현하고 있다. 이타적인 사랑이 각 상황에서 표현되는 모습이 성령의 열매다. 그리스도인은 성령의 열매를 맺어 하나님의 성품을 닮아간다. 일터에서 그리스도인은 인간관계와 일에 이런 성품을 담아낸다. 우리는 더욱 온전한 하나님의 성품이 드러나도록 부족한 점을 보완하는 노력을 해야 한다. 각자 자신의 일터에서 꽃을 피우고 싶은 열매가 무엇인지 생각하고 나눈다.

4. 육체와 함께 그 정욕과 탐심을 십자가에 못박아야 한다. 그리고 적극적으로 성령에 의지해서 성령이 이끄시기를 간구하고 따라야 한다. 내 이름을 높이고 싶은 욕심을 버리고 서로 노엽게 하거나 투기하는 마음을 가지지 않아야 한다. 이를 위해 그리스도인은 일터에서 더욱 열심히 기도하며 성령의 능력을 간구해야 한다.

성찰과 적용 토론을 위한 질문 (20분)

1. 각자 자신을 돌아보며 생각해 보고 나눈다. 현대 사회에서 소명으로서의 직업은 타고날 때부터 정해진 천직과는 다르다. 성령은 시대적 필요와 상황 변화에 따라 다양한 은사를 주셔서 우리가 은사에 따른 직업을 선택하도록 하신다. 우리는 시기와 상황에 따라 다양한 은사를 발견할 수 있다. 따라서 평생에 걸쳐 우리는 한 가지 직업이 아니라 여러 가지 직업을 선택하면서 자신에게 가장 맞는 직업을 찾아갈 수 있다. 은사로 하는 일은 재미있고 창의적이고 능률적인 경향을 가지고 있다.

2. 일터에서 기도하기란 쉽지 않다. 일터에서는 짧지만 자주, 그리고 간절하게 기도하는 습관을 길러야 한다. 무슨 일을 만나든지 제일 먼저 지금 나를 둘러싸고 바라보고 계시는 성령께 먼저 도움을 구하라. 그리고 성령이 알려주시는 사람들에게 조언을 구하라. 각자 일터에서 기도응답을 받은 사례와 기도하기 어려움을 나누고 어떻게 극복하고 기도할 수 있는지 지혜를 나눈다.

3. 진리의 영이신 성령은 하나님의 뜻과 마음을 알려주실 때 그리스도께서 십자가에서 보여주신 진리와 사랑에서 벗어나지 않는다. 성령은 구체적인 상황 속에서 나의 욕망이 아니라 그리스도를 따르는 마음을 알려주신다. 성령은 우리 일에 하나님의 성품을 담아내도록 인

도하신다. 내가 바라는 것이 아니고 비록 당장은 손해를 볼지라도 하나님의 성품을 따르는 결정은 후회가 없다. 그리스도의 말씀을 묵상하며 순종하는 자세를 가질 때 우리는 성령의 인도하심을 올바르게 분별할 수 있다.

정리하기 (10분)

- 1번과 2번 질문을 따로 정리하도록 하되 하나로 정리할 수도 있습니다.
- 자신이 정리한 짧은 문장 혹은 단어를 한 주일 동안 기억하면서 일하도록 격려합니다.

격려와 기도 (10분)

- 성경공부를 한 주에 한 장 진행할 경우 시간이 모자라 서로 일터에서 겪는 어려움을 나누고 함께 기도하는 시간을 생략하거나 형식적으로 진행하기 쉽습니다. 이 점을 감안해서 미리 시간 배분에 신경을 써서 진행해 주시기 바랍니다.
- 〈성찰과 적용: 토론을 위한 질문〉에서 현실적인 일터 어려움을 어느 정도 나누었다면 이 부분은 간단히 진행하고 마무리해도 좋습니다.

제5장 종말의 그날을 소망하며 일하라

개념 이해   종말의 소망과 오늘의 일 (20분)

- 제5장의 핵심 주제는 이것입니다. "죄악된 일터에서 그리스도인은 종말에 완성될 새 창조를 소망하며 오늘을 종말의 그날처럼 여기며 인내하고 변혁을 시도한다."
- 개념 이해를 돕기 위해『오늘을 그날처럼』(이철규)을 참조하시기 바랍니다.

성경 연구   하나님의 영광을 드러내는 일 (30분)

1. 마태복음 25:14~30

1. 그들이 각자 받은 달란트를 이용해 '적은 일'에 충성했기 때문이다. 그들에게 '많은 일'을 맡기고 주인의 즐거움에 참여할 것이라고 약속하셨다. 예수님은 우리가 각자 받은 달란트대로 충성되게 살기를 바라신다. 하나님께서 각자에게 주신 달란트로 충성해야 할 일을 생각한다.

2. 그는 주인에게 악하고 게으른 종이라는 평가를 받았다. 쓸모없고 두려움에 주저하는 사람이라는 뜻이다. 그는 주인이 마음이 굳은 사람이라 심지도 않고 헤치지도 않은 곳에서 이익을 얻는 사람, 곧 자신의 힘으로 다른 사람들의 것을 강제로 빼앗는 폭력적인 사람이라고 주인을 오해하고 두려워했다. 주인에 대한 오해와 두려움 때문에 그는 받은 달란트를 적극적으로 이용하기보다는 혼나지 않기 위해 겨우 보존하는 소극적인 태도를 취했다. 그는 하나님 나라에서는 쓸모없는 사람이 되어 있는 것마저 빼앗기고 천국에 들어가지 못하고 어두운 곳으로 쫓겨났다.

3. 이 말씀은 부익부 빈익빈을 합리화하는 것이 아니다. 오히려 종말에 완성될 하나님 나라에서는 각자에게 주어진 달란트로 자신이 맡은 일을 충성스럽게 하는 사람들이 풍성한 열매를 누리며 즐겁게 살게 된다는 뜻이다. 하나님 나라는 종말을 기대하며 현재에 충성스럽게 살아가는 '쓸모 있는' 사람들만이 들어갈 수 있다는 메시지를 전해 준다.

2. 이사야 65:17~25

1. 기쁨이 충만함, 슬픔과 괴로움이 없음, 생명의 축복, 타인의 것을 빼앗지 않고 존중함, 정직함, 신실함, 약자를 배려함, 평화로움 등이다.

2. 정직하게 일해서 평화롭게 살아간다. 아무도 타인이 일해서 얻은 것(집, 포도)을 탐내거나 빼앗지 않고 보호해 준다. 생존경쟁이 아니라

서로 일해서 먹고살아갈 수 있도록 욕심을 부리지 않는다. 유대인들은 바벨론 멸망 이전에 가난한 이들의 재산과 노동력을 빼앗고 거짓 저울로 자신의 탐욕을 채우며 정직하게 일하는 자들을 착취했다. 지금 우리가 살아가는 일터 현장에서도 이런 일들이 벌어지고 있다. 새 하늘과 새 땅에 참여하고자 하는 소망을 가지고 일하면 정직하게 일할 수 있고 평화를 추구할 수 있다.

3. 종말 이전에는 적대적 관계였던 이리와 어린 양이 함께 먹고, 사자와 소가 함께 짚을 먹고, 뱀은 흙을 양식으로 삼는다. 강자가 약자를 잡아먹지 않는 대신 약자와 함께 하나님이 주신 음식을 함께 먹으며 평화를 유지한다. 사랑과 평화의 관계는 강한 힘을 가진 사람이 자신의 힘을 타인의 유익을 위해 절제할 때에만 가능하다. 하나님의 영광이 가득 차고 피조물들의 기쁨이 가득 찬 종말의 세상에서 우리의 노동은 생존경쟁이 아니라 사랑이라는 일의 본질이 완전하게 실현된다.

성찰과 적용 토론을 위한 질문 (20분)

1. 종말을 믿지 않는 사람은 현재의 삶이 종말의 그날에 완성되는 상상을 할 근거가 없다. 있다 하더라도 지극히 주관적일 수밖에 없다. 그러므로 현재의 삶의 방식에 대해 현실적인 입장 혹은 운명론적인 입장에 머물 가능성이 크다. 그러나 종말을 믿는 사람들은 완성될 삶

의 관점에서 오늘을 반성하고 변화하려는 근거와 방향을 성경으로부터 제공받을 수 있다. 종말의 관점으로 현재를 바라보는 사람은 현실에 대한 비판적인 관점과 동시에 미래 지향적인 꿈을 가지게 된다.

2. 종말의 믿음과 소망을 가지면, 우리 안에 그리스도인으로서 성령께서 주신 은사와 하나님의 성품으로 일하며 살고자 하는 마음의 동기가 새롭게 생긴다. 또한 현재의 삶을 대하는 태도에 변화를 일으킨다. 종말에 대한 믿음과 소망으로 살아갈 때 각자의 마음에 먼저 어떤 생각이 떠오를지 생각하고 함께 나눠 본다. 적절한 상상력이 필요하다.

3. 종말의 믿음과 소망은 내면의 동기 부여와 함께 실제적인 행동의 변화를 가져온다. 하나님은 종말의 예언과 함께 종말에 완성될 새로운 세상을 살아갈 능력을 우리에게 주신다. 구체적으로 어떤 변화가 밖으로 드러나기를 원하고 어떤 능력이 필요한지 생각하고 나눠 본다.

정리하기 (10분)

- 1번과 2번 질문을 따로 정리하도록 하되 하나로 정리할 수도 있습니다.
- 자신이 정리한 짧은 문장 혹은 단어를 한 주일 동안 기억하면서 일하도록 격려합니다.

격려와 기도 (10분)

- 성경공부를 한 주에 한 장 진행할 경우 시간이 모자라 서로 일터에서 겪는 어려움을 나누고 함께 기도하는 시간을 생략하거나 형식적으로 진행하기 쉽습니다. 이 점을 감안해서 미리 시간 배분에 신경을 써서 진행해 주시기 바랍니다.
- 〈성찰과 적용: 토론을 위한 질문〉에서 현실적인 일터 어려움을 어느 정도 나누었다면 이 부분은 간단히 진행하고 마무리해도 좋습니다.

제6장 하나님의 영광을 위해 일하라

개념 이해　우리는 어떻게 하나님의 영광을 위해 일하는가? (20분)

- 제6장의 핵심 주제는 이것입니다. "그리스도인은 일터에서 그리스도를 본받아 이웃의 필요를 선하게 채워주는 '일상의 사랑'으로 하나님의 영광을 드러낸다."
- 개념 이해를 돕기 위해 『일터신학』(폴 스티븐스) 제11장을 참조하시기 바랍니다.

성경 연구　하나님의 영광을 드러내는 일 (30분)

1. 요한복음 15:5~12

1. 우리가 열매를 많이 맺을 때 하나님께서 영광을 받으신다. 그리스도의 제자는 열매를 맺는 사람이다. 열매는 하나님의 성품을 우리의 삶과 일에서 드러내는 것이다. 성령께서 우리와 함께 계시면 하나님의 성품의 열매가 맺혀 세상에 하나님의 영광을 빛나게 한다.

2. 그리스도의 말씀이다. 그리스도의 말씀은 우리를 그리스도의 사람으로 만들어 가는 원천이다. 말씀의 씨앗이 우리 안에 뿌려지면 예수님을 닮아가는 사람으로 변화되어 간다.

3. 그리스도께서 십자가에서 보여주신 사랑의 열매가 맺히게 된다. 그리스도 안에서 우리는 하나님과 예수님 사이의 사랑을 배우고 그 사랑 안에서 살게 된다. 사랑의 열매는 사랑 없는 세상에 하나님의 영광을 밝게 비춘다.

4. 예수님이 우리에게 주신 사랑을 우리가 서로 나누기를 요구하신다. 이 사랑은 타인을 위해 자신을 내어주는 아가페 사랑이다. 이 사랑은 우리에게 기쁨을 충만케 한다. 우리는 하나님의 영광을 구할 때 하나님의 영광을 기뻐하게 된다. 예수님의 사랑으로 일할 때 우리는 하나님의 영광을 드러내는 사랑의 열매를 맺고 그 안에서 큰 기쁨을 누리게 된다.

2. 고린도전서 10:23~33

1. 유대인들은 시장에서 고기를 사기 전에 이방신들에게 제물로 바쳐졌는지 묻고 바쳐진 고기는 사지 않았다. 그러나 바울은 묻지 말고 먹으라고 했다. 세상에 있는 모든 것은 하나님이 창조하신 것이기에 시장에서 파는 고기는 원칙적으로 먹을 수 있기 때문이다. 또한 그리스도는 십자가 사랑으로 모든 율법을 완성하셨기 때문에 그리스도인들은 더 이상 율법에 얽매이지 않고 오직 믿음으로 살기에 고기

먹는 행위가 구원에 아무런 영향을 미칠 수 없다.

2. 불신자 친구의 양심을 위해서, 곧 친구가 우리의 믿음을 오해하지 않도록 먹지 말라고 했다. 불신자 친구는 그리스도인이 제물을 먹는 행위를 보면서 자칫 교회에 다니면서도 이방신들에게 제물을 바치고 숭배해도 될 것이라는 오해를 할 수 있었다. 만의 하나라도 친구가 오해하지 않도록 그리스도인은 고기 먹을 권리와 자유를 스스로 제한하라는 뜻이다.

3. 나의 유익이 아니라 남의 유익을 구하는 것이다. 나에게 주어진 권리와 자유라도 다른 사람들이 오해하거나 실족할 가능성이 있다면 취소함으로써 다른 사람들을 돕는 것이 십자가 사랑의 원리다. 예수 그리스도는 죄가 없지만 우리의 죄를 용서하기 위해 스스로 자신을 희생 제물로 바치는 사랑을 보이셨다. 그리스도인은 어떤 곳에서든지 어떤 일이든지 나보다 타인의 유익을 먼저 구하는 사랑의 실천으로 하나님의 영광을 밝히 드러낸다.

4. 절제는 자신의 모든 권리를 포기하는 것이 아니다. 자신이 감당할 수 있는 수준에서 하나님의 영광을 위해 이웃을 배려하는 현실적이면서도 세심한 분별력이 있어야 한다. 또한 배려에는 일정한 기준을 적용할 수 없다. 일터에서 동료를 배려하는 데에는 한계가 있음을 인정해야 한다.

성찰과 적용 토론을 위한 질문 (20분)

1. 일터에서 억울함이 없는 사랑으로서의 정의는 공정, 정직, 자비 등의 방식으로 표현된다. 기다려주는 사랑으로서의 공의는 올바름, 오래 참음, 포용 등의 성품을 필요로 한다. 최소한의 생존을 보장하는 자비는 공감, 도움, 긍휼 등의 자세를 요구한다.

2. 기술적 역량은 주어진 일에서 성과를 내는 능력, 윤리적 역량은 일의 가치를 이해하고 실천하는 능력, 인간관계 역량은 함께 일하는 사람들과 갈등을 억제하고 협력하는 능력이다. 이 세 가지 역량은 서로 긴밀하게 연결되어 있을 뿐 아니라 영향을 미친다. 하나님의 영광을 드러내고자 하는 그리스도인은 하나님께 이 세 가지 역량을 간구해야 한다. 하나님은 우리에게 일의 소명을 주시면서 지혜를 주시겠다고 약속했는데, 이 지혜는 세 가지 역량을 강화함으로써 탁월하고 창의적으로 일할 수 있도록 돕는 하나님의 축복이다.

3. 하나님의 영광을 드러내는 사랑의 열매는 특별히 타인에 대한 배려에서 잘 드러난다. 각자의 일과 인간관계와 돈 사용에 있어서 타인을 어떻게 배려하고 싶은지 생각해 본다.

정리하기 (10분)

- 1번과 2번 질문을 따로 정리하도록 하되 하나로 정리할 수도 있습니다.
- 자신이 정리한 짧은 문장 혹은 단어를 한 주일 동안 기억하면서 일하도록 격려합니다.

격려와 기도 (10분)

- 성경공부를 한 주에 한 장 진행할 경우 시간이 모자라 서로 일터에서 겪는 어려움을 나누고 함께 기도하는 시간을 생략하거나 형식적으로 진행하기 쉽습니다. 이 점을 감안해서 미리 시간 배분에 신경을 써서 진행해 주시기 바랍니다.
- 〈성찰과 적용: 토론을 위한 질문〉에서 현실적인 일터 어려움을 어느 정도 나누었다면 이 부분은 간단히 진행하고 마무리해도 좋습니다.

함께 읽으면 좋은 도서 목록

1. 『그리스도인 앙겔라 메르켈』. 폴커 레징. 서울: 한들출판사. (목사의 딸로 태어나 동독에서 자라 통일 독일 총리가 된 메르켈의 신앙이 그녀의 정치에 어떻게 반영되었는지를 감동스럽게 담아냈다.)
2. 『나는 직장에서도 크리스천입니다』. 세바스찬 트레거 & 그렉 길버트. 서울: 생명의말씀사. (중고 자동차 사업을 하는 두 그리스도인이 자신의 일터 현장에서 신앙을 어떻게 이해하고 적용할 수 있는지 정리했다. 일터 현실에서 발견한 일터신학이다.)
3. 『오늘을 그날처럼』. 이철규. 서울: 새물결플러스. (치과의사이자 종말론 전공자인 저자가 종말론의 소망을 가지고 치과 진료실에서 환자들을 치료하고 치과를 운영하면서 신앙과 삶의 일치를 고민하며 쓴 글이다.)
4. 『우리가 사랑한 성심당』. 김태운. 통영: 남해의봄날. (대전의 명물 빵집 성심당이 빵을 만들고 판매하는 과정에서 그리스도의 사랑을 가난한 이웃들과 고객들에게 어떻게 전했는지 알려주는 가슴 뭉클한 이야기다.)
5. 『일과 성령』. 미로슬라브 볼프. 서울: IVP. (오순절교회 출신인 조직신학자가 현대의 일터를 비판적으로 분석하고 성령이 일터에서 발생하는 인간 소외의 문제를 어떻게 치유할 수 있는지 설명한 신학책이다.)
6. 『일과 영성』. 팀 켈러. 서울: 두란노. (뉴욕의 리디머처치 담임목사가 그리스도인들이 직장에서 하는 일을 창조-타락-구원이라는 기독교 세계관의 프레임으로 실제적인 사례들을 다양하게 소개하면서 쉽게 쓴 대중서적이다.)
7. 『일삶구원』. 폴 스티븐스 & 앨빈 웅. 서울: IVP. (일터신학 교수와 그의 제자가 그리스도인들이 일상과 일터에서 유혹을 받는 아홉 가지 치명적 죄악을 어떻

게 성령 충만으로 맺는 열매로 극복할 수 있는지 친절하게 설명했다.)

8. 『일의 기술』. 제프 고인스. 서울: CUP. (다소 부담스럽게 들릴 수 있는 소명이라는 단어가 실제로 우리의 일터 현실에서는 특별한 업적이 아니라 많은 시행착오를 겪으며 하나님의 뜻을 발견하고 이해하고 적응하는 과정을 의미한다고 쉽고 재미있게 설명한다.)

9. 『일터 신앙』. 이효재. 서울: TOBIA. (그리스도인들이 일터에서 겪는 어려움을 신앙으로 극복하기 위해 하나님의 말씀을 듣고, 서로 사랑하고, 기도하며, 인내해야 한다는 현실적인 권면을 성경적, 신학적 근거 위에서 차분하게 설득한다.)

10. 『일터신학』. 폴 스티븐스. 서울: IVP. (일터신학의 세계적 권위자인 저자는 기존의 성직자-평신도라는 교회의 이중구조를 철폐하고 그리스도 안에서 동일한 하나님의 백성으로서 일터에서 하나님의 영광을 위한 소명으로 우리의 일을 이해하도록 신학적 기반을 제시한다.)

11. 『인간의 번영』. 미로슬라브 볼프. 서울: IVP. (저자는 토니 블레어 전 영국 총리와 함께 진행한 대학 세미나에서 기독교를 비롯한 세상의 고등 종교의 경전은 번영하는 세상을 만들기 위해 인간들이 어떻게 행동해야 하는지를 가르치고 있다고 강조하면서 모든 사람이 번영하는 세상을 만들기 위해 서로 협력해야 한다고 강조한다.)

12. 『존엄: 관계를 치유하는 힘』. 도나 힉스. 서울: 검둥소. (국제적 갈등해결 전문가인 저자는 일터를 비롯한 모든 현장에서 발생하는 갈등 문제는 인간의 내재적 존엄성을 지켜야 해결될 수 있다고 설득한다.)